Ronny Schlichtholz

E-Scooter – Der ultimative Ratgeber für die Mobilität der Zukunft

Impressum

Erstauflage
Umschlaggestaltung, Illustration: fiverr.com
Lektorat, Korrektorat: Svenja Wendtland und Anna Nottorf

Bilder: Verkehrsschilder: wikipedia.de (gemeinfrei), Scooter und Sonstige: Ronny Schlichtholz / Thomas Baensch

Verleger: Ronny Schlichtholz, Kiefernblick 2, 03042 Cottbus

Druck und Veröffentlichung: epubli – ein Service der neopubli GmbH, Berlin

Bibliografische Information der Deutschen Nationalbibliothek:
Die Deutsche Nationalbibliothek verzeichnet diese Publikation in der Deutschen Nationalbibliografie; detaillierte bibliografische Daten sind im Internet über http://dnb.d-nb.de abrufbar.

Vorwort

Vielen Dank, dass du dich für dieses Buch zum Thema E-Scooter entschieden hast. Warum habe ich dieses Buch geschrieben? Ich bin schon viele Jahre mit einem normalen Tretroller unterwegs und beschäftige mich nun schon seit einiger Zeit mit dem Thema E-Scooter.

Dieses Buch ist für Einsteiger und Interessierte am Thema E-Scooter mit allem, was dazu gehört. Ich habe dir hier mein gesammeltes Wissen und meine persönlichen Erfahrungen zusammengetragen. Mein Ziel ist es die Informationen in einfachen Worten und zuweilen auch mit einer Prise Humor darzustellen.

Es soll dir nicht nur die wichtigsten Informationen näherbringen, du sollst auch Spaß am Lesen haben.

Um den Lesefluss angenehmer zu gestalten, habe ich mich für die „DU"-Form entschieden. Ich hoffe du nimmst mir das nicht übel, denn ich finde, dass es sich auch viel persönlicher liest.

Das soll es an dieser Stelle auch schon gewesen sein. Mehr über mich und meinen Erfahrungen erfährst du im ersten Kapitel.

Ich wünsche dir ganz viel Spaß beim Lesen und stets eine gute und sichere Fahrt mit dem E-Scooter.

Inhalt

Einleitung

Hallo liebe Leserin und hallo lieber Leser. Mein Name ist Ronny und ich bin aktuell 34 Jahre alt. Beruflich bin ich als Angestellter in einem größeren Unternehmen aus der Energiebranche tätig. Vor dieser Tätigkeit habe ich eine kaufmännische Ausbildung abgeschlossen und Betriebswirtschaftslehre studiert, bevor ich eine Zeit lang im öffentlichen Dienst tätig war.

Ich habe eine großartige Familie, bestehend aus einer Frau und 2 Kindern. Ich fahre jetzt seit vielen Jahren einen Tretroller und begeistere mich für dieses Fortbewegungsmittel.

Als ich das erste Mal von einem E-Scooter gehört hatte, war ich sofort enthusiastisch. Das eröffnete mir ganz neue Möglichkeiten.

Bisher habe ich den Tretroller als sportlichen Aspekt genutzt, oder um kleine Fahrten von A nach B zu erledigen. An größere Ausflüge war bisher allerdings nicht zu denken. Im Regelfall waren es Touren zwischen 10 bis 20 Kilometer.

Meine Frau und Tochter mit ihren Inlineskates und ich mit dem Roller. Das hat uns immer viel Freude bereitet und nebenbei wurden auch noch einige Kalorien verbrannt.

Wir wohnen sehr dörflich mit der Angrenzung an die Stadt. Das hat vielerlei Vorteile und wir haben das Glück, dass an unserem Dorf auch ein ehemaliger Tagebau angrenzt, der demnächst zum größten

Tagebau - Nachfolgesee in Deutschland geflutet wird. Um diesen ehemaligen Tagebau führt ein schöner „Fahrradweg“. Dieser ist perfekt für sportliche Aktivitäten oder für Nachmittagsausflüge mit der Familie geeignet.

Angrenzend befinden sich mehrere Seen und Erlebnisgebiete. So sind auch Touren zwischen 8 und 40 Kilometer ohne weiteres möglich und die Seenlandschaft ist immer wieder einen kleinen Ausflug wert.

Natürlich lässt sich ein E-Scooter nicht nur für Ausflüge nutzen. Auch schnelle Wege in die Stadt zum Einkaufen oder als Pendler auf dem Weg zur Arbeit sind perfekt für den E-Scooter geeignet. Er ist klein, handlich und mobil. Aber zu den Vorteilen erfährst du noch viel mehr in den folgenden Kapiteln.

Meine neue Liebe zu den E-Scootern habe ich zu meinem Hobby gemacht und mich intensiv damit beschäftigt. Ich möchte meine Erfahrungen gerne mit anderen Menschen teilen und ihnen bei ihren Entscheidungen weiterhelfen. Dafür habe ich die Seiten eroller-mit-zulassung.de, escooter-helm.de, escooter-zubehör.de und escooter-touren.de ins Leben gerufen.

Die Sperrspitze bildet hier aber die Seite: www.eroller-mit-zulassung.de, die anderen Seiten werden nach und nach auf- und ausgebaut. Ein Blick lohnt sich.

Damit du dich aber nicht durch die einzelnen Seiten durchklicken musst, habe ich für dich folgende Seite angelegt:

www.eroller-mit-zulassung.de/buch

Dort findest du weiterführende Informationen in den gleichen Kategorien, wie im Buch und alle wichtigen Links habe ich für dich hinterlegt. Das erspart dir Zeit und Mühe.

Das Beste aus meinen Erfahrungen habe ich hier für dich zusammengetragen und stelle es dir mit diesem Buch zur Verfügung. Darüber hinaus teile ich mein Wissen mit dir und gebe dir Empfehlungen, sowie Tipps und Tricks mit auf den Weg.

Ich teste gerne neue Produkte und bin immer auf der Suche nach Verbesserungen. Für mich stellt der E-Scooter ein laufendes Projekt mit vielen schönen und erlebnisreichen Stunden dar. Ich werde dir auch nur Dinge empfehlen, die ich selbst ausprobiert habe und hinter denen ich auch zu 100 Prozent stehe.

Aber in diesem Buch geht es weniger um einzelne Produkte. Sollte dich das im Detail interessieren und du möchtest wissen, welche die aus meiner Sicht besten Produkte darstellen, dann besuche bitte meine oben genannten Webseiten. Dort findest du alles, was du benötigst.

Lass uns nicht länger um den heißen Brei herumreden und beginnen wir mit dem ersten Kapitel – Was ist eigentlich ein E-Scooter?

Erklärung – Was ist ein E-Scooter?

Bei einem E-Scooter handelt es sich um ein Elektrokleinstfahrzeug bei dem die Anforderungen in der Elektrokleinstfahrzeuge Verordnung, kurz eKFV genannt, geregelt ist.

Für den E-Scooter gibt es auch noch andere Bezeichnungen. So findest du auch Informationen unter folgenden Namen: eScooter, E-Roller, Tretroller mit Motor oder Elektro-Tretroller. Die eigentliche und bekannteste Bezeichnung ist E-Scooter. Ich nenne ihn aber auch gerne einen E-Roller.

Motorisierung

Der E-Scooter wird nicht, wie der Tretroller, durch das Treten angetrieben, sondern durch einen Elektromotor. Dieser hat, je nach Modell und bezogen auf E-Scooter, die eine Zulassung besitzen, zwischen 250 – 500 Watt. Ohne Zulassung gibt es auch E-Scooter mit Motorleistungen von über 600 Watt.

Trotz des Elektromotors ist die Benutzung als herkömmlicher Tretroller möglich. Damit lässt er sich auch als Sport- oder Fitnessgerät benutzen.

E-Scooter werden gerne mal mit einem Elektromotorroller (auch Mofa oder Vespa genannt) verwechselt, die in einer Leistungsklasse zwischen 50 und 125 ccm liegen. Diese Motorroller sieht man auch häufiger auf deutschen Straßen. Diese zeichnen sich allerdings durch einen Sitz aus. Bei einem E-Scooter ist dieser nicht vorhanden, da er im Stehen gefahren wird.

Akku

Bei dem Akku handelt es sich neben dem Elektromotor um das Schlüsselelement beim E-Scooter. Der Akku hat einen entscheidenden Einfluss auf die Reichweite, Größe und das Gewicht. Je größer dieser ist, umso weiter kommst du mit dem E-Scooter. Klar haben auch der Motor und die Fahrweise einen Einfluss darauf. Der Akku wird entweder im Trittbrett oder in der Lenkstange integriert. Der Akku lässt sich bei vielen Modellen nicht einfach austauschen. Hier muss bei einem Defekt der Fachhändler oder Hersteller ran.

Bei den Akkus handelt es sich in den meisten Fällen um Lithium-Ionen-Akkus. Diese haben, je nach Größe, eine Ladedauer von zwei bis fünf Stunden. Ähnlich wie bei anderen Geräten mit dieser Akkutechnologie, lassen sich die ersten 80 Prozent der Kapazität schnell laden. Die letzten 20 Prozent dauern am längsten.

Bereifung

Der E-Scooter hat zwei Räder, die im Regelfall eine Größe zwischen 5 bis 12 Zoll aufweisen. Bei der Bereifung gibt es mehrere Varianten. Die übliche Variante stellt hier der Vollgummireifen dar.

Der Vollgummireifen hat eine gute Haltbarkeit und ist unplattbar. Der Grip ist auf trockener Straße gut und es lässt sich dadurch auch gut bremsen. Die Schwäche beim Vollgummireifen liegt in den Dämpf- und Federungseigenschaften. Aufgrund der Härte werden Erschütterungen ungehindert übertragen. Es gibt aber auch schon die ersten Gummireifen, die mit „Löchern" im Gummi ausgestattet wurden. Dadurch gibt der Gummi leicht nach und federt Erschütterungen und Vibrationen besser ab. Ich gehe davon aus, dass sich diese Art der Bereifung in der Zukunft durchsetzen wird.

Neben den Vollgummireifen gibt es noch E-Scooter mit Luftbereifung. Diese sind, wie ein herkömmlicher Fahrradreifen, mit Luft befüllt und dämpfen Erschütterungen und Vibrationen besser ab. Ein Nachteil ist ein eventueller Luftverlust. Hier ist häufiges Kontrollieren notwendig. Auch Beschädigungen durch spitze Gegenstände, wie Glas und Steine, kommen häufiger vor.

Einige E-Scooter werden auch mit sogenannten Luftkammerreifen angeboten. Diese bestehen aus einer Kombination. Hier wurde versucht, das Beste aus dem Vollgummi- und Luftreifen zu kombinieren. Ein Austreten der Luft wirkt sich nur geringfügig auf den Fahrkomfort aus. Diese Art der Bereifung soll einen guten Kompromiss der beiden Bereifungsvarianten darstellen. Der Nachteil ist, dass die Luft in den kleinen „Kammern" sich bei einem Defekt nicht nachfüllen lässt.

Reichweite

Die Reichweite hängt von mehreren Faktoren ab und kann nicht pauschalisiert werden. Es gibt E-Scooter mit 15 Kilometer, aber auch Modelle mit weit über 50 Kilometern Reichweite. Das ist abhängig von der Kapazität und dem Zustand des Akkus, dem Elektromotor, dem Gewicht des E-Scooters, der Fahrweise, dem Wetter (Temperaturen) und dem Gewicht des Fahrers.

Gewicht

Das Gewicht ist aus meiner Sicht ein entscheidender Faktor bei einem E-Scooter, da dieses sich stark auf die Mobilität auswirkt. Ob ich 7 Kilo oder 15 Kilo tragen muss, macht schon einen großen Unterschied. Aber auch beim Gewicht kommt es auf mehrere Faktoren an. Beginnend mit dem Material des E-Scooter. Diese können aus Aluminium, Kunststoff, Stahl oder auch Carbon bestehen. Ebenso haben der Akku und die Bauweise des E-Scooters selbst einen Einfluss auf das Gewicht. Die meisten E-Scooter wiegen zwischen 7 und 20 Kilogramm. Je leichter, desto besser.

Bremsen

Ein E-Scooter ist natürlich auch mit Bremsen ausgestattet. Voraussetzung für eine Straßenzulassung in Deutschland sind zwei voneinander unabhängig funktionierende Bremsen. Bei den meisten Modellen werden Scheibenbremsen verwendet. Einige Hersteller benutzen auch elektronische Bremsen, die während des Bremsvorgangs den Akku wieder aufladen. Eine weitere Variante ist die Trittbremse, bei der der E-Scooter durch einen beständigen Druck mit dem Fuß auf das „Schutzblech“ des hinteren Rades leicht abgebremst wird.

Beleuchtung

Ein zugelassener E-Scooter besitzt eine Beleuchtung, die aus einem Vorder- und einem Rücklicht besteht. Die Beleuchtung kann auch abnehmbar sein. Es gibt auch Modelle, bei denen die Rückleuchten als Bremslicht fungieren. Die Beleuchtung sollte spätestens beim Einsetzen der Dunkelheit eingeschalten werden.

Welche weiteren Voraussetzungen ein E-Scooter noch für eine Zulassung mitbringen muss und auf was du achten solltest, erfährst du im Kapitel „Gesetze und Wissenswertes“.

Einsatzgebiete der E-Scooter

Der E-Scooter war ursprünglich als Überbrückungsgerät und Alternative zum Auto für kurze Strecken zur Arbeit oder zum Bahnhof gedacht. Da viele E-Scooter über eine gute Reichweite verfügen, ist der Einsatzzweck um einige Möglichkeiten gestiegen. Auch Ausflüge sind nun damit problemlos möglich. Mehr dazu erfährst du aber im Kapitel Touren und Ausflüge. Dort gehe ich detailliert auf das Thema Ausflüge und Touren ein.

Wie am Anfang dieses Kapitels bereits erwähnt, kannst du den E-Scooter auch als sportliches Element nutzen und ohne Motorunterstützung fahren. Das ist nicht nur gut für den Körper, sondern macht auch eine Menge Spaß und erinnert den ein oder anderen an seine Kindheit. Der Roller ist für mich eine gute Alternative zu Inlineskates, Fahrrädern und Skateboards.

Gesetze und Regeln – Wissenswertes zum E-Scooter

Befassen wir uns jetzt mit dem Thema Gesetze und Regeln. Ich weiß, dass dieses Thema extrem trocken ist, aber es gehört dazu und beinhaltet einige wichtige Informationen. Die Benutzung des E-Scooter ist seit dem 2. Quartal 2019 klar geregelt.

Die gesetzliche Regelung ist in der „Verordnung über die Teilnahme von Elektrokleinstfahrzeugen am Straßenverkehr“, kurz „Elektrokleinstfahrzeuge-Verordnung – eKFV“ genannt, festgelegt und ist auf dem aktuellen Stand vom 06. Juni 2019.

Elektrokleinstfahrzeuge sind laut dem Gesetz Kraftfahrzeuge mit elektrischem Antrieb und einer Höchstgeschwindigkeit von nicht weniger als 6 km/h und maximal 20 km/h.

Folgende Merkmale muss dieses Kraftfahrzeug aufweisen:

- Selbstbalancieren mit oder ohne Sitz
- Mindestens eine 70 cm breite Lenk- oder Haltestange (ohne Sitz)
- Maximal 500 Watt Nenndauerleistung
- Maximale Maße: Breite 70 cm, Höhe 140 cm, Länge 200 cm
- Das Kraftfahrzeug darf ein Maximalgewicht von 55 kg - ohne Fahrer - nicht überschreiten

Das sind die Angaben, die unter § 1 Anwendungsbereich (eKFV) fallen. Diese treffen auf den E-Scooter zu.

Weitere Voraussetzungen

Das war natürlich noch nicht alles. Folgende Anforderungen sind noch vorgegeben:

- Der E-Scooter muss zwei unabhängig voneinander funktionierende Bremsen besitzen
- Es muss eine Beleuchtung an der Vorder- und Rückseite vorhanden sein
- Reflektoren an den Seiten, in den meisten Fällen an der Trittfläche
- Eine Klingel gehört zu den Voraussetzungen

- Gashebel oder Griffe müssen nach dem Loslassen innerhalb von nur einer Sekunde in eine Nullstellung wechseln
- Der E-Scooter muss eine rutschfeste Standfläche besitzen
- Es dürfen keine Anhänger oder ähnliche Anbauten angebracht oder angehangen werden

Ich habe für dich nochmal die wichtigsten Fragen zusammengetragen und beantwortet.

Ab welchem Alter darf der E-Scooter gefahren werden?

Der E-Scooter darf ab einem Alter von 14 Jahren gefahren werden. Ursprünglich war eine Erlaubnis ab einem Alter von 12 Jahre geplant. Das wurde aber durch das Gesetz gekippt. Personen unter 14 Jahre dürfen ein E-Scooter also nicht fahren. Bitte beachte, dass, wenn du einen E-Scooter ausleihen möchtest, das Mindestalter 18 Jahre beträgt. Darauf gehe ich aber noch in dem Kapitel „Die Auswahl eines E-Scooters – Sharing“ ein.

Benötige ich einen Führerschein?

Ein Führerschein wird nicht vorausgesetzt. Somit benötigt man keine Fahrerlaubnis, wie zum Beispiel bei einem Mofa. Diese Regelung ist an die der E-Bikes angelehnt.

Muss ich einen Helm tragen?

Eine Helmpflicht ist ähnlich, wie beim E-Bike, nicht vorgesehen. Aufgrund der Sicherheit sollte aber immer ein Helm getragen werden. Das wird auch vom Verkehrsministerium empfohlen. Bitte beachte, wenn du einen E-Scooter ausleihen möchtest, kann je nach Anbieter eine Helmpflicht bestehen. Mehr dazu erfährst du in der App vom Anbieter oder in meiner Übersicht im Kapitel „Sicherheit“.

Benötige ich für einen E-Scooter eine Versicherung?

Voraussetzung für eine Zulassung im Straßenverkehr ist eine Haftpflichtversicherung für den E-Scooter. Diese kostet zwischen 14 Euro und 60 Euro im Jahr. Zu den Versicherungen gibt es eine sogenannte Versicherungsplakette mit Hologramm, die am hinteren Teil des E-Scooter angebracht werden muss. Wenn du einen E-Scooter mietest oder ausleihst, ist eine Versicherung bereits durch den Anbieter vorhanden.

Wo dürfen die E-Roller gefahren werden?

Ursprünglich war eine Benutzung von Gehwegen bei einer Geschwindigkeit von 12 km/h geplant. Das wurde aber gekippt und das Gesetz verbietet die Benutzung der Gehwege mit dem E-Scooter. Durch die Geschwindigkeit von bis zu 20 km/h, dürfen die E-Scooter auf dem Fahrradweg / Radweg oder auf einen Fahrradstreifen gefahren werden. Sind diese nicht vorhanden, kann die Fahrbahn, also Straße genutzt werden. Das Fahren in der Fußgängerzone oder auf dem Fußweg ist definitiv verboten und kann bei Missachtung zu einem hohen Bußgeld führen. Im nächsten Abschnitt zeige ich dir die Verkehrsschilder, auf die du achten solltest.

Welche maximale Leistung darf eine E-Scooter haben?

Der E-Scooter darf eine maximale Dauerleistung von 500 Watt nicht überschreiten. Das sollte angesichts der Größe und des Gewichts aber völlig ausreichen. Die meisten E-Scooter beschleunigen sehr schnell und stellen keine Behinderung im Straßenverkehr dar. Die Endgeschwindigkeit ist durch das Gesetz auf maximal 20 km/h limitiert.

Darf ich zu zweit auf dem E-Scooter fahren?

Nein, auf keinen Fall! Das verstößt gegen den § 8 eKFV und stellt eine Ordnungswidrigkeit dar. Davon kann ich dir nur abraten.

Benötigt der E-Scooter eine Zulassung?

Ja definitiv. E-Scooter sind zulassungspflichtig, das heißt, sie benötigen eine sogenannte „Allgemeine Betriebs Erlaubnis" auch ABE genannt. Die ABE wird im Regelfall durch ein zusätzliches Dokument und ein Prüfzeichen ausgezeichnet.

Der Bundesverband für Elektrokleinstfahrzeuge warnt vor dem Kauf von E-Scootern, die keine Zulassung aufweisen können. Die meisten E-Scooter lassen sich auch im Nachgang nicht legalisieren. Man bleibt auf dem „Elektroschrott" sitzen und macht sich durch die

Benutzung im Straßenverkehr auch noch strafbar. Hier droht ein Bußgeld und im schlimmsten Fall auch eine Freiheitsstrafe. Lass dich bitte nicht von den niedrigen Preisen locken. Das kann am Ende teuer werden.

Auf meinem Blog: www.eroller-mit-zulassung.de findest du immer die neuesten Modelle, die eine Zulassung besitzen. Daran kannst du dich gerne orientieren.

Das waren die wichtigsten Vorgaben aus der Elektrokleinstfahrzeug-Verordnung zusammengefasst. Dort sind aber auch noch Verhaltensregeln hinterlegt. Diese möchte ich dir natürlich nicht vorenthalten und an dieser Stelle kurz und übersichtlich erläutern:

Verhaltensregeln

E-Scooter müssen einzeln und hintereinanderfahren. Ein Anhängen an anderen Fahrzeugen oder ein freihändiges Fahren ist untersagt.

Beim Fahren auf Straßen mit Fahrstreifen solltest du immer möglichst weit rechts fahren und schnellere Verkehrsteilnehmer vorbeilassen.

Sind keine Blinker vorhanden, solltest du Richtungsänderungen per Handzeichen anzeigen. Handzeichen sind bei einem E-Scooter eher schwierig, da du mit dem Daumen Gas gibst und nicht gleichzeitig die Hand raushalten kannst.

Mein Tipp

Wenn du ein geübter Fahrer bist, kannst du den Richtungswechsel auch mit deinem Bein anzeigen. Sei aber vorsichtig! Für Unfälle oder Schäden kann ich nicht haften. Alternativ kannst du Blinker an deinem E-Scooter nachrüsten, doch dazu kommen wir im Kapitel „Auf Nummer Sicher gehen mit deinem E-Scooter". Als weitere Möglichkeit gibt es auch Helme mit Blinker. Diese kannst du auch für Leih-Scooter verwenden. Details findest du im Kapitel „Auf Nummer Sicher gehen mit deinem E-Scooter – Helme".

Regeln auf einem Radweg

Wer auf dem Radweg fährt, muss folgende Regeln beachten:

- Fußgänger haben immer Vorrang und dürfen weder behindert, noch gefährdet werden
- Die Geschwindigkeit muss an den Radverkehr, wenn möglich, angepasst werden
- Schnelleren Fahrrädern muss das Überholen ohne Behinderung ermöglicht werden
- Für das Abstellen von E-Scootern müssen die für Fahrräder geltenden Park- und Abstellvorschriften beachtet werden

Beim Abstellen solltest du immer deinen E-Scooter mit einem Schloss vor Diebstahl oder Missbrauch sichern. Tipps und Hinweise zu passenden Schlössern, findest du auch im Kapitel „Auf Nummer Sicher gehen mit deinem E-Scooter“.

Übersicht von Verkehrsschildern mit Bedeutung für einen E-Scooter

Fahrverbot

Da du jetzt die Verordnung (eKFV) und deren Inhalt kennst, möchte ich dir noch etwas über die wichtigen Verkehrsschilder sagen und wie du sie beachten solltest. Beginnen wir mit den Schildern, die ein Verbot für den E-Scooter bedeuten:

Verbot für Fahrzeuge aller Art. Bei diesem Schild dürfen keine Fahrzeuge fahren - auch keine E-Scooter. Zeichen 250.

Verbot für Kraftwagen. Bei diesem Schild gilt ein Verbot für Kraftwagen. Das gilt auch für deinen E-Scooter. Zeichen 251.

Verbot für Krafträder. Bei diesem Schild gilt ein Verbot für Krafträder. Das gilt auch für den E-Scooter. Zeichen 255.

Verbot für Kraftfahrzeuge. Bei diesem Schild gilt ein Verbot für Krafträder und Kraftwagen, also alle Kraftfahrzeuge im Allgemeinen. Das Verbot betrifft auch den E-Scooter. Zeichen 260.

Verbot der Einfahrt. Bei diesem Schild ist die Einfahrt verboten. Du darfst mit deinem E-Scooter die Straße nicht benutzen. Zeichen 267.

Verbot für Radfahrer. Dieses Schild weist auf ein Verbot für Radfahrer hin. Diese Wege sind durch einen E-Scooter nicht zu befahren. Zeichen 254.

Reitweg. Dieser Weg ist nur für Pferde freigegeben. Das heißt: Keine Durchfahrt mit dem E-Scooter. Zeichen 238.

Fußgängerzone. Die Fußgängerzone ist, wie der Gehweg, den Fußgängern vorbehalten und nicht zur Benutzung für den E-Scooter freigegeben. Zeichen 242.1.

Gehweg. Dieses Schild weist auf einen Gehweg hin. Gehwege sind durch einen E-Scooter nicht zu befahren. Zeichen 239.

Kraftfahrstraße. Ähnlich wie die Autobahn, ist auch die Kraftfahrstraße Tabu für den E-Scooter. Zeichen 331.1.

Autobahn. Ja, ich muss es erwähnen, mit 20 km/h Maximalgeschwindigkeit solltest du auf keinen Fall auf der Autobahn fahren. Auch nicht auf dem Standstreifen. Zeichen 330.1.

Wo darfst du überall mit dem E-Scooter fahren?

Jetzt weißt du, wo du **nicht** mit deinem E-Scooter fahren darfst! Das ist schon eine ganze Menge. Die Schilder, die für dich interessant sind, sind etwas weniger. Aber es gibt sie. Der E-Scooter ist für Radwege freigegeben.

Wenn dich das Thema tiefergehend interessiert, dann kann ich dir den umfangreichen Wikipedia-Artikel (https://de.wikipedia.org/wiki/Radverkehrsanlage) über Radverkehrsanlagen ans Herz legen. In diesem erfährst du alles über Radwege.

Für den E-Scooter zulässige Verkehrszeichen

Elektrokleinstfahrzeuge frei. Bei diesem Schild darfst du mit deinem E-Scooter fahren. Nutze es!

Sonderweg Radfahrer. Dieses Schild weist auf die Befahrung von Radfahrern hin. Diesen Weg darfst du auch mit deinem E-Scooter benutzen. Zeichen 237.

Gemeinsamer Fuß- und Radweg. Bei diesem Schild teilst du dir den Weg mit Fußgängern und Radfahrern. Hier ist gegenseitige Rücksichtnahme geboten. Fahre bitte vorsichtig. Zeichen 240.

Getrennter Fuß- und Radweg. Hier ist der Rad- und Fußweg voneinander getrennt. Du darfst mit deinem E-Scooter den Radweg benutzen. Zeichen 241.30.

Beginn Fahrradstraße. Dieses Schild zeigt dir den Beginn einer Fahrradstraße an. Diese Straße darfst du mit deinem E-Scooter befahren. Zeichen 244.

Hinweis

Das sind die wichtigsten Schilder, die du kennen solltest. Überall wo Fußgänger erlaubt sind, kannst du deinen E-Scooter auch schieben. Das stellt kein Problem dar. Achte bitte nur darauf, dass du niemandem deinen Scooter in die Hacken schiebst. Das tut doch ziemlich weh und bringt nur Ärger mit sich.

Die Auswahl eines E-Scooters – Welche Möglichkeiten gibt es?

Du hast dir bereits einen E-Scooter gekauft? Dann kannst du dieses Kapitel gerne überspringen.

Du besitzt noch keinen E-Scooter, möchtest aber demnächst einen nutzen und denkst jetzt über eine Anschaffung nach? Dann ist dieses Kapitel sehr wichtig für dich, denn ich möchte dir vorher noch deine Optionen aufzeigen.

Insgesamt gibt es drei Möglichkeiten dir einen E-Scooter anzuschaffen. Du kannst E-Scooter nicht nur kaufen, sondern auch leihen oder mieten. In diesem Kapitel zeige ich dir, für welche Einsatzzwecke welche Art der Nutzung zu empfehlen ist. Dazu möchte ich die einzelnen Möglichkeiten näher beleuchten. Am Ende des Kapitels zeige ich dir nochmal die Vorteile der unterschiedlichen Varianten auf. Hier liegt die Entscheidung bei dir, welche Variante für dich die Bessere ist.

Ich beginne mit dem Thema „ausleihen“ und was es beinhaltet.

Einen E-Scooter leihen / Sharing

Aktuell gibt es 4 große Anbieter, die E-Scooter vermieten: Lime, Circ, Voi und TIER. Neben diesen gibt es natürlich noch weitere kleine Anbieter und es werden zukünftig auch noch einige hinzukommen.

Die Benutzung ist ganz einfach. Die entsprechende App aus dem Playstore oder IOS Store laden, registrieren, Scooter entsperren und schon kann die Fahrt beginnen.

Hinweis

Die Apps der einzelnen Anbieter sind alle kostenlos, setzen aber eine Registrierung / Anmeldung beim jeweiligen Anbieter voraus. Die Apps laufen flott und ich hatte bisher keine Aussetzer bei der Benutzung.

Doch bevor du jetzt startest, solltest du noch einige Nutzungsbedingungen kennen. Ich habe dir hier die 5 wichtigsten Fakten zusammengefasst, die alle Anbieter gemeinsam haben. Was du bei jedem einzelnen Anbieter beachten solltest, findest du weiter unten stichpunktartig aufgelistet.

Diese 5 Punkte solltest du beachten:

- Kein Einfluss / Nutzung von Alkohol oder Drogen während oder kurz vor der Fahrt
- Alle Anbieter empfehlen die Nutzung eines Helmes. Meine Empfehlung zu den Helmen findest du im Kapitel „Auf Nummer Sicher gehen mit deinem E-Scooter“
- Laut Gesetz darf ein E-Scooter ab 14 Jahre gefahren werden. Beim Leihen von einem E-Scooter liegt das Mindestalter aber bei 18 Jahre
- Nur ein Fahrer pro Roller! Du darfst keine weiteren Personen auf dem E-Scooter mitnehmen
- Nur auf Radwegen fahren! Die Benutzung in Fußgängerzonen oder auf Bürgersteigen ist nicht gestattet. Das Schieben oder Fahren nur mit Muskelkraft (ohne E-Motor) sollte aber kein Problem darstellen

Hier eine kleine Übersicht der einzelnen Anbieter und deren Nutzungsbedingungen

E-Scooter der Firma Voi

Nutzungsbedingungen:

- Es wird die Nutzung von einem Helm empfohlen
- Nur eine Person pro Scooter
- Mindestalter 18 Jahre
- Keine Bürgersteige oder Sperrbereiche befahren

- Keine Drogen oder Alkohol während der Fahrt
- Bestätigung der Nutzungsbedingungen ist Voraussetzung

E-Scooter der Firma Circ

Nutzungsbedingungen:

- Nur für die eigene Nutzung, nicht für andere Personen buchbar
- Mindestalter 18 Jahre
- Du bist ein kompetenter Fahrer (was auch immer das bedeutet)
- Du musst sicher gehen, dass es sich um einen Circ Scooter handelt
- Nutzung nur in zugelassenen Bereichen – nur auf Radwegen fahren
- Du musst beide Hände frei und am Lenker haben
- Keine Handynutzung während der Fahrt
- Kein Alkohol oder Drogen vor und während der Fahrt
- Keine großen Gegenstände, wie Taschen und Rucksäcke am Lenker
- Keine Rennen fahren
- 100 Kilo Limit pro E-Scooter (Personengewicht)

E-Scooter der Firma Tier

Nutzungsbedingungen:

- Mindestalter 18 Jahre
- Validiertes Tier Nutzerkonto
- Erfahrung und Mindestkenntnisse mit dem Fahren von E-Scootern
- Minimum an Kenntnissen der Verkehrsregeln wird vorausgesetzt
- Es wird die Nutzung von einem Helm empfohlen
- Du darfst nicht schneller als 20 km/h fahren

E-Scooter der Firma Lime

Nutzungsbedingungen:

- Helmpflicht / keine Empfehlung
- An die geltenden Verkehrsregeln halten
- Keine steilen Hügel hinunterfahren
- Mindestalter 18 Jahre
- Fahren auf eigenes Risiko
- Nur ein Fahrer pro E-Scooter
- Auf den E-Scooter Acht geben

Für welchen Anbieter du dich am Ende entscheidest, liegt an deinem persönlichen Interesse und an der Verfügbarkeit. Vom Inhalt sind die Anbieter ziemlich gleich und nehmen sich nicht viel. Eine Empfehlung lässt sich derzeit noch nicht aussprechen, dafür sind E-Scooter in Deutschland erst zu kurz auf dem Markt.

Die Qualität wird sich erst in der Zukunft zeigen, in wieweit die Scooter immer aufgeladen sind, wie sie gewartet und bei Defekten ausgetauscht werden. Auch die flächendeckende Verfügbarkeit wird hier eine entscheidende Rolle spielen.

Die einzelnen Anbieter kannst du nicht nur am Schriftzug, sondern auch an der Farbe erkennen.

Die Farben der E-Scooter sind wie folgt:

Voi: Rosa-Schwarz

Circ: Orange-Schwarz

TIER: Hellblau-Schwarz

Lime: Grün-Weiß

Am Ende des Kapitels sage ich dir auch noch etwas zu den Kosten und vergleiche diese mit dem Kauf eines E-Scooters. Bitte beachte: Es werden weiterhin die Regelungen beim Leihen / Sharing diskutiert. Hier wird es immer wieder Neuerungen und Anpassungen geben. Wenn du auf dem Laufenden bleiben möchtest, findest du alle News auf der Seite www.eroller-mit-zulassung.de.

Einen E-Scooter mieten

Die zweite Option ist dir einen E-Scooter zu mieten. Die Unterschiede zur Miete sind wie folgt zu erklären: Beim Ausleihen verwendest du den E-Scooter nur für einen kurzen Zeitraum und stellst ihn nach der Fahrt an einen dafür vorgesehenen Ort wieder ab. Bei Bedarf holst du dir dann wieder einen Neuen.

Bei der Miete läuft das etwas anders. Hier ist es ähnlich, wie bei einem Kauf oder dem Leasen eines Kraftfahrzeuges.

Hinweis

Bei der Entstehung dieses Buches, gab es keine aktiven Anbieter zum Mieten. OttoNow startet mit seinen Angeboten ab September 2019.

Du bestellst den E-Scooter bei einem Miet-Anbieter deiner Wahl. Nachdem du den E-Scooter bestellt hast, bekommst du diesen dann zugeschickt.

Eine Modellauswahl ist derzeit nicht möglich. Sobald du den E-Scooter dann erhalten hast, kannst du diesen ohne weitere Einschränkungen nutzen. Anders als beim Sharing, bezahlst du bei der Miete nicht nach Minuten, sondern eine monatliche Gebühr. Wie häufig du den Scooter in deiner Mietzeit benutzt, ist dabei dir überlassen. Hier gibt es keine zeitliche Einschränkung oder eine Begrenzung der Kilometer.

Bei OttoNow beträgt die kürzeste Mietdauer einen Monat und kann dann monatlich gekündigt werden. Das ist insbesondere in dem Zeitraum Herbst und Winter interessant. In dieser Zeit ist das Wetter eher durchwachsen und nicht für den E-Scooter geeignet, da der E-Scooter aus meiner Sicht ein Schön-Wetter-Gerät ist.

OttoNow bietet zum Einstieg die Miete für eine Monatsgebühr von 39 Euro an. Hierbei handelt es sich um ein Einstiegsangebot. Die reguläre Miete wird nach heutigem Stand 49 Euro kosten. Diese Angaben sind aber ohne Gewähr und können sich jederzeit durch den Anbieter ändern.

In dieser Monatsgebühr ist bereits eine Versicherung enthalten, du musst dich also nicht weiter darum kümmern. Bitte bedenke dabei, dass du an den Versicherer vom Anbieter gebunden bist und dir die Versicherungsgesellschaft oder den Inhalt nicht aussuchen kannst. Das hat seine Vor- und Nachteile.

Zum Thema Versicherung kannst du dich aber gesondert in dem Kapitel „Versicherung“ belesen. Dort zeige ich dir die Möglichkeiten, die du bei einer Versicherung für E-Scooter hast.

In der Mietgebühr sind auch eventuelle Tauschgeräte inbegriffen. Das bedeutet: sollte der E-Scooter seinen Geist aufgeben oder keine Leistung mehr bringen, wird dieser kostenfrei durch den Anbieter ausgetauscht. Das gefällt mir sehr gut.

Hinweis

OttoNow hat eine Zusammenarbeit mit Abus angekündigt. Zu den Miet-Scootern wird es noch ein Sicherheitspaket mit dazu geben. Dieses umfasst den Abus Scraper 3.0 Helm und ein Abus Zahlenfaltschloss mit der Bezeichnung: „Bordo Combo Lite 6150“. Bei den ersten E-Scooter-Modellen handelt es sich um den SXT Max. Es werden in Zukunft aber noch andere Modelle dazu kommen. Hier kann es dann preislich, je nach Modell zu Abweichungen kommen.

Einen E-Scooter kaufen

Zum heutigen Stand (09/2019) ist der Markt mit E-Scootern noch überschaubar. Derzeit gibt es nur eine Handvoll von Herstellern, bei denen du einen E-Scooter kaufen oder vorbestellen kannst. Es handelt sich hierbei um meine persönliche Meinung. Es gibt natürlich noch weitaus mehr E-Scooter von verschiedenen Herstellern.

Mir sind insbesondere die Marken Moovi, EGRET, iconBIT, CityBlitz und IOHawk positiv aufgefallen. Diese dort angebotenen E-Scooter werden mit einer in Deutschland gültigen Zulassung und einer guten Ausstattung geliefert. Welche Modelle empfehlenswert sind und alle weiterführenden Informationen erfährst du auf deiner Buchseite:

www.eroller-mit-zulassung.de/buch

Dort findest du immer die von mir empfohlenen E-Scooter. Diese Seite werde ich auch regelmäßig aktualisieren, sobald es neue und bessere E-Scooter geben sollte. Damit bist du immer auf den neuesten Stand.

Jetzt möchte ich dir aber noch meine derzeitige Top 3 etwas näher vorstellen und die einzelnen Eigenschaften nennen.

Tipp Nummer 1

Beginnen wir mit meinem Favoriten, dem iconBIT IK-1969K City. Dieser ist ab September 2019 für unter 500 Euro erhältlich. Ein guter Preis für eine Top Ausstattung.

Zu der Ausstattung gehören:

- Ein starker 350 Watt Nabenmotor für hohe Drehmomente
- 8.5 Zoll Vollgummireifen
- Ein 7200 mAh Akku, der für eine gute Reichweite von 30-35 Kilometer sorgt
- Eine elektronische Bremse, die während des Bremsvorgangs den Akku wieder auflädt + eine Scheibenbremse hinten
- Eine Heckfederung für mehr Komfort beim Fahren
- Der Scooter wiegt nur 10.5 Kilogramm und besitzt eine einfache Faltmechanik
- Die Ladezeit beträgt ca. 4-5 Stunden

Tipp Nummer 2

Mein zweiter Tipp ist der noch nicht ganz so bekannte E-Scooter der Firma Moovi. Er hört auf die Bezeichnung ES145A. Es handelt sich hier um einen sehr gut ausgestatteten E-Scooter mit einem handlichen Gewicht von 10 Kilogramm. Er hat auch ein paar nette Eigenschaften.

Aber sieh selbst:

- Akkusparender 150 Watt Motor, bürstenlos und wartungsarm
- 5,8 Zoll Vollgummireifen
- Energierückgewinnung durch KERS Technologie, beim Bremsen und Ausrollen
- Befestigungshaken über dem Vorderrad zum Anbringen von Schlössern
- Gewicht 10 Kilogramm, durch Aluminium-Leichtbauweise
- Doppelte Federung vorne und hinten

Die Reichweite von 25 Kilometer ist leider nur Mittelmaß und geht durchaus besser. Für 799 Euro bekommst du aber ein gutes Gesamtpaket mit vielen durchdachten Ideen. Der Moovi ist voraussichtlich ab September 2019 erhältlich und kann bereits vorbestellt werden.

Tipp Nummer 3

Als dritte Empfehlung ist die Firma CityBlitz zu nennen. Bei diesem E-Scooter mit Zulassung handelt es sich um das Modell CB064. Optisch ähnelt er etwas dem Xiaomi M365 und gefällt mir sehr gut.

Die **Ausstattung** ist bei dem etwas höheren Preis im Vergleich zu den zwei iconBIT Modellen nur Durchschnitt:

- Ein 250 Watt Frontmotor - hier fehlen 100 Watt im Vergleich zu den anderen beiden Modellen
- 8.5 Zoll Vollgummireifen
- Ein 7800 mAh Akku sorgt für eine Reichweite von ca. 25-30 Kilometer
- Eine Scheibenbremse hinten
- Eine Federung wird durch spezielle Löcher im Vorderrad umgesetzt

Der Erscheinungstermin ist zum 01.10.2019 angegeben. Derzeit kannst du ihn für 549 Euro bestellen. **Bitte bedenke:** Die Preise und Termine können jederzeit von den mir genannten abweichen.)

Du interessierst dich für die Luxus-Modelle? Dann solltest du dir unbedingt den EGRET V4 anschauen. Dieser bietet eine sehr gute Qualität und lässt kaum noch Wünsche übrig. Alternativ steht ihm der CITY BLITZ CB076SZ BEAST gegenüber. Dieses Modell wird auch vom Sharing-Anbieter TIER benutzt.

Der Vergleich zwischen kaufen, mieten und leihen – Die Kosten im Überblick

Als Erstes klären wir das Thema Kosten, wenn du einen E-Scooter leihen möchtest. Alle Leih-Anbieter sind zu Beginn mit den gleichen Kosten gestartet.

Das Ausleihen kostet dich einmalig 1 Euro pro Leihvorgang. Dazu kommen Kosten pro Minute. Die Minutenpreise waren ursprünglich bei allen Anbietern bei 15 Cent die Minute. Mittlerweile wurden in einigen Städten die Preise angepasst, so haben wir derzeit Unterschiede zwischen 15 bis 25 Cent die Minute (Stand: 3. Quartal 2019). Als Rechenbasis für mein Beispiel, nehme ich die günstigen 15 Cent pro Minute, da sie zum Großteil noch verfügbar sind.

Du musst natürlich einen E-Roller nicht leihen! Du kannst diesen auch ganz normal kaufen. E-Roller mit Straßenzulassung beginnen bei ca. 399 Euro und können, je nach Anbieter, auch mehr als 2000 Euro kosten. Hier kommen aber noch die jährlichen Ausgaben für die Versicherung hinzu. Als dritte Möglichkeit kannst du den E-Scooter auch mieten. Kosten ca. 49 Euro monatlich ohne weitere Ausgaben wie Versicherung oder Wartung.

Lass uns jetzt einmal einige Varianten beim Leihen durchrechnen und mit dem Kauf und der Miete eines E-Scooters vergleichen.

Als erstes Beispiel nehme ich meinen Weg zur Arbeit. Hier handelt es sich um ca. 8 km pro Strecke. Das sind im besten Fall ca. 25 bis 30 Minuten. In der Realität wird es aber noch ein paar Minuten länger dauern, da ich auf Grund von Ampeln und anderen Verkehrsteilnehmern nicht komplett in voller Geschwindigkeit durchfahren kann. Das sind also 16 Kilometer hin und zurück und mindestens 60 Minuten Fahrdauer. Das sollte von der Entfernung mit jedem derzeit erhältlichen E-Scooter machbar sein. Beginnen wir mit den Kosten beim Leihen eines E-Rollers.

Eine Strecke ist Minimum ca. 25 Minuten Fahrzeit, dass bedeutet: eine einmalige Gebühr 1 Euro plus 25 x 0,15 Euro (3,75 Euro). Das sind zusammen als 4,75 Euro pro Strecke und folglich 9,50 Euro pro Tag (4,75 Euro * 2 Strecken, Hin- und Rückweg).

Wie die meisten Arbeitnehmer gehe ich 5 Tage die Woche arbeiten, 9,50 Euro * 5 Tage = 47,50 Euro. Mich kostet der E-Roller also 47,50 Euro Leihgebühr in der Woche. Danach rechne ich mit 4 Wochen im Monat. Das bedeutet: 47,50 Euro * 4 Wochen = 190 Euro im Monat. Ich gehe von einer gesamten Jahresnutzung von 6 Monaten aus. Die anderen 6 Monate fallen aufgrund vom Wetter, Urlaub, freie Tage etc. aus, da aus meiner Sicht ein E-Scooter eher für die schöne Zeit im Jahr gedacht ist. Bei Regen und Glätte kann es aufgrund der kleinen Räder sehr schnell gefährlich werden.

Beenden wir nun die Rechnung: Rechnen wir also 190 Euro (Monat) * 6 Monate = **1140,00 Euro im Jahr**.

Zusammenfassend, komme ich auf eine Summe von 1140,00 Euro im Jahr an Leihgebühr für einen E-Scooter, um damit auf Arbeit zu fahren. In diesem Beispiel würde sich ein Kauf von einem E-Scooter mehr lohnen. Hier rechne ich mit einem Mittelklasse-Modell und einem Kaufpreis von 499 Euro + die Versicherung für einmal ca. 40 Euro im Jahr. Ergibt einen Anschaffungspreis von ca. 550 Euro.

Ich würde also im ersten Jahr ca. 590 Euro und im zweiten Jahr, wenn keine Wartung dazu kommt, ca. 1090,00 Euro sparen. Es kommen beim Kauf auch noch Stromkosten hinzu, diese kann ich derzeit aber leider nicht berechnen, da dies von dem aktuellen Strompreis und der Akkukapazität des Rollers abhängt.

Das Mieten eines E-Scooter würde dich bei 49 Euro im Monat auf 6 Monate hochgerechnet 294 Euro kosten. Hochgerechnet auf 2 Jahre, liegen wir bei 588 Euro Mietgebühr und damit etwas unter der Summe bei dem Kauf. Bei einem Kauf hast du aber einen Gegenwert, den du am Ende auch wieder für ein paar Euro verkaufen kannst. Diesen Wert lasse ich in diese Rechnung aber nicht mit einfließen, da der Wertverlust nur schwer abzuschätzen ist und auch vom Zustand des E-Scooters abhängt.

Beispielrechnung Nummer 2

Nicht jeder fährt solch eine Strecke und überbrückt nur den Weg zur Bahn. Wenn ich jetzt 10 Minuten bis zur Bahn bräuchte, wäre die Rechnung wie folgt: 1 Euro + 10 x 0,15 Euro = 2,50 Euro. Hin und zurück sind es 5,00 Euro * 5 Tage = 25 Euro pro Woche. Bei 4 Wochen (25 Euro * 4 Wochen = 100 Euro) liegt der Leihpreis bei 100 Euro. Hochgerechnet auf das Jahr, also in meinem Fall 6 Monate, sind wir bei einem Preis von 600 Euro pro Jahr. In meinem Vergleich zum E-Rollerkauf, zahlen wir beim Leihen im ersten Jahr ca. 50 Euro drauf.

Im zweiten Jahr fällt der Anschaffungspreis weg und es bleibt die Versicherung. Hier haben wir beim Kauf eine Ersparnis von ca. 550 Euro.

Natürlich kannst du, wie im Beispiel Nummer 1 auch einen E-Scooter mieten. Hier sind die Kosten ähnlich wie beim Kauf und liegen bei 588 Euro für 2 Jahre. Es kommen aber noch die Stromkosten dazu.

Wie du siehst, kommt es am Ende auf deine Nutzung an. Wenn du vorhast, mit dem Roller regelmäßig zu fahren, sei es als Pendler zwischen Wohnung – Bahn – Arbeit oder auf direkten Weg zur Arbeit, dann ist hier ein Kauf/eine Miete die sparsamere Lösung. Fährst du eher selten und kurze Strecken, könnte das Leihen genau das Richtige für dich sein. Bedenke aber, dass die Roller nicht immer und überall verfügbar sind.

Meine Beispiele sind auf zwei Jahre ausgelegt. Bei einer Nutzung ab 3 Jahre und länger lohnt sich der Kauf eines

E-Scooters noch mehr, als die Miete, da die Kaufkosten sich bis dahin amortisiert haben.

Am Ende musst du für dich eine Entscheidung treffen, welche der Anschaffungsarten, die beste für dich ist.

Um dir bei der Entscheidung zu helfen, möchte ich dir noch die Vor- und Nachteile der einzelnen Varianten aufzeigen.

Beginnen wir mit dem E-Roller leihen:

Vorteile:

- Keine hohe Start-Investition
- Keine Versicherung notwendig - der E-Scooter ist über den Anbieter versichert
- Einschätzbare Kosten, da die Preise klar definiert sind
- Keine Wartungskosten - eventuelle Defekte werden vom Anbieter geregelt
- Einfache Buchung via App

Nachteile:

- Die Verfügbarkeit der E-Scooter ist aktuell noch sehr überschaubar und nur in Ballungsgebiete zufriedenstellend vorhanden
- Das Abstellen der Roller nur in vom Anbieter festgelegten Gebieten (ausgewiesene Parkflächen)
- Die Abhängigkeit von der Verfügbarkeit und den verbleibenden Kilometer, nicht jeder verfügbare Roller hat noch eine ausreichende Laufzeit / Reichweite
- Kein Wunschroller (diese sind vom Anbieter vorgegeben), keine Individualisierung
- Die Kosten können schnell in die Höhe steigen, da nach Minuten abgerechnet wird

Vor- und Nachteile, wenn du einen E-Scooter mietest:

Vorteile vom Mieten:

- Keine Minutenpreise, wie beim Ausleihen und keine hohen einmaligen Kosten
- Der Preis ist kalkulierbar, da er bekannt ist
- Du benötigst keine zusätzliche Versicherung oder ein Nummernschild
- Bei einem Defekt schickst du den Roller einfach zurück und bekommst dafür einen Neuen
- Keine Wartungskosten
- Der Mietvertrag ist monatlich kündbar - dadurch kein Risiko
- Gute Reichweite von 40 km

Nachteile vom Mieten:

- Du bekommst einen E-Scooter vorgegeben, eine Auswahl ist derzeit nicht möglich
- Du bekommst eine Versicherung vorgegeben
- Der E-Scooter gehört nicht dir, du kannst daran keine baulichen Veränderungen vornehmen
- Du kannst am Ende den Scooter nicht verkaufen, dein investiertes Geld ist somit vollständig weg – kein Gegenwert

Vor- und Nachteile, wenn du einen E-Scooter kaufen möchtest:

Vorteile:

- Der Roller gehört nach der vollständigen Bezahlung dir
- Du kannst so viel fahren wie du möchtest, ohne zusätzliche Kosten
- Du hast den Roller bei dir, du musst nicht erst auf die Suche gehen
- Du kannst das perfekte Modell für dich aussuchen und hast keine Vorgaben
- Kein Zeitdruck, da keine Abrechnung nach Zeit erfolgt
- Zubehör lässt sich einfach nachrüsten, perfekt für den spontanen Wochenendausflug

Nachteile:

- Versicherungspflicht, jährliche Kosten für die Versicherung
- Defekte müssen gewartet werden
- Je nach Auswahl, hohe einmalige Kosten + Stromkosten

Egal, ob du einen E-Roller leihst, mietest oder kaufst. Alle drei Varianten haben ihre Vor- und Nachteile. Für meine Nutzung kommt kein Ausleihen infrage. Bei geringer und seltener Nutzung kann es aber durchaus interessant sein.

Du solltest dir anhand meiner Beispielrechnung die Kosten für deine Einsatzzwecke einmal genau durchrechnen. Der Vergleich kann sich lohnen und du wirst eventuell noch so einiges an Geld sparen.

Da es zum heutigen Stand noch keine Miet-Scooter gibt, kann ich leider von keinen Erfahrungen berichten. Wenn dich das Thema aber interessiert, solltest du meine Webseite im Auge behalten. Dort werde ich von meinen Erfahrungen berichten. Mieten ist eine gute Alternative zum Ausleihen und zum Kauf - die Flexibilität und der Preis überzeugen. Möchtest du lieber einen E-Scooter besitzen und diesen später wiederverkaufen oder verschenken, dann kommt nur der Erwerb eines E-Scooters infrage.

Auf Nummer Sicher gehen mit deinem E-Scooter

Ich habe lange überlegt, welche Punkte ich dir hier mit auf den Weg gebe. Einige Themen überschneiden sich mit dem Kapitel Zubehör. Ich habe mich dafür entschieden, dir das Zubehör hier vorzustellen, welches zu deiner Sicherheit erheblich beiträgt.

Doch warum solltest du überhaupt auf die Sicherheit achten und kann ein E-Scooter gefährlich sein?

Diese Frage kann ich klar mit einem Ja beantworten. Aber, ein E-Scooter ist nicht gefährlicher, als zum Beispiel ein Fahrrad. Das werde ich dir auch noch mit entsprechenden Zahlen beweisen. Vorher eine kleine Geschichte, die mir genauso passiert ist:

Ich machte, wie so oft an einem Wochenende, früh am Morgen einen kleinen Ausflug mit dem Scooter. Meine Frau und meine Tochter begleiteten mich dabei auf ihren Skates. Es war ein schöner Morgen mit klarem Himmel und angenehmen 20 Grad. Da die Nacht bedeutend kälter war bildete sich Morgentau auf den Wiesen und den Wegen. Wir fuhren also unsere gewohnte Strecke am Tagebau entlang. Diese Tour führt an einem See vorbei und über mehrere Brücken. Ein Teil der Strecke besteht aus einem Fahrradweg. Eine Brücke, über die der Fahrradweg führt, ist aus Holz konstruiert.

Wir fuhren also auf dem Fahrradweg in Richtung dieser Brücke. Mit einer Geschwindigkeit zwischen 10 und 15 km/h bog ich mit dem E-Scooter nach rechts zu der besagten Brücke ab. Und dann geschah es. Bevor ich richtig darüber nachdenken konnte, rutschten die Räder weg und ich flog mit vollem Schwung vom Scooter und schlitterte ungebremst über die Brücke.

Was war geschehen? Das Holz von der Brücke war durch den Reif feucht geworden und bildete einen rutschigen Film. Die Vollgummireifen von meinem Scooter boten nur wenig Grip und so rutschte ich mit dem Scooter weg. Ich hatte Glück und konnte mit Schürfwunden und einem schmerzenden Arm die Fahrt fortsetzen. Es hätte aber auch schlimmer enden können.

Doch was ist die Quintessenz aus dem geschehenen?

Man kann Jahre lang mit einem Roller unfallfrei unterwegs sein und dann kommt dieser eine Tag. Kurz nicht aufgepasst und schon ist es passiert. Und für diesen Tag, der hoffentlich nicht kommt, solltest du dich schützen.

Du musst ja nicht einmal schuld sein. Oft ist eine andere Person nicht aufmerksam und dann kommt es zu einem Unfall.

Seit dem Gesetzesbeschluss steht das Thema groß in den Medien. Es verging kaum ein Tag, an dem ich nicht etwas über neue Unfälle mit dem E-Scooter lesen konnte. Viele Berichte verteufelten den Scooter und doch stieg seine Beliebtheit an.

Wie gefährlich sind die E-Scooter nun?
Dieser Punkt muss objektiv betrachtet werden. Bei einem Unfall sind im Regelfall immer zwei Parteien beteiligt. Wer umsichtig fährt, kann das Risiko auf ein Minimum reduzieren.

Unfälle mit Fahrrädern und E-Bikes sind häufiger als mit dem E-Scooter. Die Unfälle mit Autos sind noch häufiger, als mit dem Fahrrad.

Dabei sollte aber auch die Anzahl der Unfälle in Relation mit der Anzahl der Fahrzeuge betrachtet werden, denn auf deutschen Straßen sind bedeutend mehr Autos und Fahrräder unterwegs, als E-Scooter. Das hat natürlich einen Einfluss auf die Statistik.

Folgende Zahlen sind zu nennen:

- 2017 gab es 79.826 Unfälle mit Fahrradbeteiligung (Quelle: www.destatis.de). Das sind durchschnittlich 218 Unfälle pro Tag – 2018 lag die Zahl noch höher.
- Die Anzahl der PKW-Unfälle betrug in 2017: 219.874 Unfälle mit Personenschaden (Quelle: www.destatis.de), das sind durchschnittlich 602 Unfälle pro Tag

Zu E-Scootern in Deutschland gibt es derzeit noch keine Statistik. Wir bedienen uns daher an den Zahlen aus den USA. Dort gibt es statistisch die höchste Unfallquote mit den E-Scootern. Die Zahl laut einem

Fachmagazin liegt bei 192 Unfällen in knapp 3 Monaten. Gehen wir von 192 Unfällen in 2 Monaten aus, wären es 1.152 Unfälle im Jahr, also ca. 3 Unfälle pro Tag.

Im Vergleich zu den Fahrradunfällen in Deutschland, ist die Anzahl doch verschwindend gering. Hier wird das Thema doch mehr aufgebauscht, als es der Realität entspricht.

Wie du an den Zahlen erkennen kannst, ist ein E-Scooter nicht gefährlicher, als ein Fahrrad oder ein Auto. Wenn einige Punkte beachtet werden, lässt sich der E-Scooter gut und sicher durch den Verkehr führen.

Meine 5 Tipps für eine sichere Fahrt mit dem E-Scooter

1. Trage stets einen Helm, dieser kann dich vor schweren Verletzungen am Kopf schützen.
2. Fahre vorausschauend und vermeide Vollbremsungen.
3. Hänge keine schweren Gegenstände oder Beutel an den Lenker.
4. Weise andere Verkehrsteilnehmer auf deinen Richtungswechsel hin. Hier helfen Blinker, die du nachrüsten kannst. So bleiben die Hände am Lenker.
5. Meide Absätze, Schlaglöcher, Kopfsteinpflaster oder feuchte Untergründe – aufgrund der kleinen Räder, besteht eine höhere Gefahr wegzurutschen.

Weitere Tipps für mehr Sicherheit findest du am Ende des Kapitels noch einmal zusammengefasst.

Die Sicherheit erhöhen

Jetzt fragst du dich bestimmt, wie du deine Sicherheit am effektivsten erhöhen kannst?

Dafür habe ich einige Tipps für dich. Der erste Tipp, ist wohl auch der bekannteste: Trage einen Helm!

Der Helm

Ein Helm ist ein sehr komplexes Thema. Deshalb möchte ich etwas genauer darauf eingehen.

Das Gesetz schreibt für die Fahrt mit dem E-Scooter noch keinen Helm vor. Das Bundesverkehrsministerium und ich können aber nur auf die Wichtigkeit von einem Helm hinweisen.

Ein E-Scooter kann Geschwindigkeiten bis zu 20 km/h erreichen. Auch bei einem Sturz mit einer Geschwindigkeit von 12 Km/h können schon schwere Verletzungen auftreten. Deshalb sollte besonders der Kopf extra geschützt sein, denn mit einer Gehirnerschütterung oder anderen Verletzungen ist nicht zu spaßen.

Meine Top 3 Helme

Ich habe mich auf die Suche gemacht und die 3 besten Helme für dich herausgesucht. Doch zunächst habe ich dir zusammengetragen, welche Voraussetzungen ein Helm aus meiner Sicht erfüllen muss:

- Ein sehr guter Schutz beim Aufprallen oder bei Stößen
- Ein bequemer Sitz und eine gute Passform - auch bei kleinen Köpfen

- Eine ausreichende Belüftung
- Eine einfache Handhabung und Einstellungsmöglichkeiten
- Ein geringes Gewicht

Als weiteres solltest du wissen, welche Arten von Helmen es überhaupt gibt. Hier sind folgende Schutzhelme zu nennen:

- Mountainbike / MTB Helm
- BMX Helm
- Rennrad Helm
- City Helm

Wie du siehst, sind die Helme durchweg für das Fahrrad gedacht. Das stellt aber kein Problem dar, denn die Helme können genauso gut für den E-Scooter-Fahrer verwendet werden.

Meine Top 3 Helme sind:

1. Uvex City Light
2. Alpina Mythos 3.0
3. Nutcase Street

Zu jeder Helm-Art gebe ich dir noch meine persönliche Empfehlung. Mehr Möglichkeiten und Auswahl findest du auf deiner oben genannten Buchseite.

Der Mountainbike-Helm

Der Mountainbike-Helm bedeckt die meiste Fläche am Kopf. Er schützt somit besonders den Hinterkopf und den Schläfenbereich. Da der Fahrer im alltäglichen Straßenbereich eher nach vorne stürzt, ist ein Mountainbike-Helm nicht unbedingt nötig. Der optionale Kinnschutz ist hier natürlich sehr gut. Eine gute Belüftung wird durch große Luftlöcher erreicht.

Meine Empfehlung: *„Alpina Mythos 3.0“* oder *„Scott Supra“*

Der BMX-Helm

Der BMX-Helm besitzt einen ähnlichen Aufbau, wie der Mountainbike-Helm aufgebaut. Hier wird jedoch zusätzlich der vordere Bereich verstärkt abgesichert. Die Belüftung ist nur mittelmäßig und die Optik ist sehr einfach gehalten. Der Tragekomfort ist leider auch nur mittelmäßig.

Meine Empfehlung: *„TSG Evolution Solid“* oder *„Uvex HLMT 5 Bike Pro“*

Der Rennrad-Helm

Beim Rennrad-Helm bezieht sich der Schutz mehr auf den vorderen Bereich. Das bietet sich gut für E-Roller / E-Scooter Fahrer an. Die Belüftung ist sehr gut gestaltet und gewährleistet eine ausreichende Luftzirkulation. Das besondere Augenmerk liegt bei diesem Helm aber auf dem Gewicht und den Materialien. Beim Rennrad-

Helm wird gerne Carbon verwendet, da dieses Material besonders leicht ist. Der große Nachteil bei den Helmen liegt im Preis, denn Rennrad-Helme sind in der Anschaffung sehr teuer.

Meine Empfehlung: *„Uvex Boss Race“* oder *„AWE Speed“*

City- und Touren-Helm

Der City- und Touren-Helm ist aus meiner Sicht der optimale Helm für E-Roller / E-Scooter-Fahrer. Diese sind einfach und funktional im Aufbau. Die Ausstattung ist, ebenso wie der Preis überschaubar. Einige Helme haben zusätzlich Leuchten und smarte Funktionen eingebaut. Der Schutz deckt alle wichtigen Bereiche ab und schütz dich bei Stürzen mit dem Roller. Ein Nachteil ist die etwas geringe Belüftung. Da wir aber mit dem Roller keine hohen Geschwindigkeiten erreichen, ist der Unterschied zu den anderen Helmarten sehr gering. Erst bei höheren Geschwindigkeiten macht sich die geringere Belüftung des City- und Touren-Helms bemerkbar.

Meine Empfehlung: *„Uvex City Light“* oder *„Alpina Panoma City“*

Es gibt natürlich auch noch weitere Helmarten. Diese sind aus meiner Sicht aber im Bereich E-Roller / E-Scooter nicht relevant.

Der Kinderhelm

Bei Kinderhelmen sollte man sich lieber individuell informieren und auf eine gute Passform achten. Diese ist bei kleineren Kinderköpfen besonders wichtig. Hier ist ein Gang in das Fachgeschäft ratsam.

Ich möchte auch nochmal ausdrücklich darauf hinweisen, dass E-Scooter eine Altersbeschränkung ab 14 Jahre haben. Daher werde ich hier von einer Helmempfehlung für Kinder absehen.

Weitergehende Informationen zum Thema Helm findest du auf meiner Seite www.eroller-mit-zulassung.de/buch. Dort findest du alle meine Helmempfehlungen und mehr. Ein Blick lohnt sich.

Neben dem Helm kannst du zu deiner Sicherheit auch Protektoren benutzen. Diese schützen deine Hände, Ellbogen und Knie bei einem Sturz. Ob du diesen Schutz nutzen möchtest, liegt bei dir.

Der Blinker

Ein weiteres und wichtiges Zubehör für den E-Roller sind aus meiner Sicht Blinker.

Viele E-Scooter-Fahrer berichten, dass es schwierig ist mit einer Hand zu fahren und dass so den anderen Verkehrsteilnehmer ein Richtungswechsel signalisiert werden kann. Dies ist aus meiner Sicht besonders mit dem Arm, auf dessen Seite sich der Gashebel befindet, schwierig. Sobald man die Hand vom Lenker nimmt und dabei den Gasschalter loslässt, bremst der E-Scooter ab. Das ist nicht nur für dich gefährlich, sondern auch für die Verkehrsteilnehmer um dich herum.

Die Sicherheit ist in allen Bereichen ein großes Thema! Egal, ob E-Bike, E-Roller oder das Auto. Viele von euch fahren mit dem Roller täglich zur Arbeit oder erledigen kurze bis mittlere Strecken in der Stadt (natürlich nur auf Fahrradwegen). Und das auch am Abend oder in der Nacht.

Hier ist es besonders wichtig, dass die anderen Verkehrsteilnehmer erkennen in welche Richtungen du mit deinem E-Scooter abbiegst. Wenn du ein geübter Fahrer bist, kannst du das, ähnlich wie auf dem Fahrrad, tun und mit einer Hand den Richtungswechsel anzeigen.

Aufgrund der kleinen Räder und der Problematik mit dem Gashebel- /Schalter von einem E-Scooter möchte ich dir aber, um einen Sturz zu vermeiden, davon abraten.

WingLights - Blinker

Ich habe etwas recherchiert und eine gute Lösung für diese Situation gefunden: Das Zubehör nennt sich WingLights und kommt von der Firma Cycle. Es handelt sich hierbei um Blinker für den Lenker.

Auch wenn es sich im ersten Moment komisch anhört, ist es doch praktisch. Besonders, wenn du in einer Stadt oder auf einer Strecke mit vielen Menschen unterwegs bist.

Das Set besteht aus zwei Blinkern, die in das Ende vom Lenker gesteckt werden. Um das bei einem E-Scooter umzusetzen, musst du als Erstes die Griffe entfernen und durch Passende ersetzen. Das funktioniert ähnlich, wie bei einem Fahrrad. Wenn du Hilfe dabei benötigst, würde ich dir die Video-Plattform YouTube empfehlen. Dort findest du viele Videos zu dem Thema.

Tipp: Nutze hierfür den Suchbegriff: „Griffe am Lenker wechseln“

Sollten deine Griffe außen geschlossen sein, hast du zwei Möglichkeiten:

1. Du schneidest mit einer Schere oder einem Cutter-Messer ein passendes Loch in den Gummi.
2. Du wechselst die Griffe gegen ein paar Neue mit Loch aus.

Eine Empfehlung zu den Griffen findest du in diesem Buch unter dem Kapitel Zubehör.

Hinweis

Bitte beachte: Ein Bearbeiten von originalen Griffen, kann sich auf die Garantie und Gewährleistung von deinem E-Scooter auswirken. Es ist ratsam die Griffe komplett auszutauschen und in einem Garantiefall die Griffe wieder zurückzubauen. Für Leih- und Mietscooter habe ich weiter unten einen anderen Tipp für dich. Bei diesen Geräten solltest du den Griff nicht wechseln!

Bonustipp: Es gibt auch schon fertige Griffe, in denen die Blinker bereits integriert sind.

Hinweis

Achtung: Blinker können die Breite der Lenkstange verbreitern – Der Lenker darf laut eKFV die 70 cm nicht überschreiten.

Nachdem du nun die Blinker montiert hast, kannst du diese während der Fahrt mit einem kleinen Tipp darauf ganz einfach aktivieren. Zum Deaktivieren hast du auch zwei Möglichkeiten:

1. Du nutzt die Automatik, die den Blinker nach 45 Sekunden automatisch wieder ausschaltet.
2. Du betätigst nochmal den Blinker und schaltest ihn manuell aus.

Noch ein paar kurze Fakten zu dem Blinker:

- Wasser- und Staubfest
- Abnehmbar mit einem kleinen Anhänger zum Mitnehmen
- Hohe Leuchtkraft
- LED Technik – bis zu 2000 Anwendungen, erst dann muss die Batterie getauscht werden (CR2032 Knopfzellen)
- Dezente Optik, die den Lenker nur wenige Zentimeter verbreitert
- Leichter Einbau und auch von einem Laien zu bewerkstelligen (Video Anleitung befindet sich auf YouTube)
- Einfache Bedienung
- Erhöht die Sicherheit um ein Vielfaches

Zusammenfassend gibt es zu sagen: Wer die Sicherheit auf dem E-Scooter erhöhen möchte, für den sind die Blinker eine sehr gute Möglichkeit. Sie zeigen tagsüber und in der Nacht zuverlässig ein Abbiegen an.

Die Bedienung ist einfach und der Einbau lässt sich leicht bewerkstelligen. Aus meiner Sicht eine sehr gute Investition in die Sicherheit, auch wenn die Blinker nicht sehr billig sind. Wie die Blinker an einem Scooter aussehen, kannst du dir auf meiner Internetseite anschauen.

Hinweis

Dir sind die WingLights zu teuer und dir ist die Lieferzeit egal? Dann gibt es noch eine günstigere Alternative aus China. Diese bekommst du bei Ebay. Leider kann ich dir nichts zu der Qualität der Blinker sagen. Ich wollte sie aber trotzdem erwähnt haben.

Blinker für geliehene oder gemietete E-Scooter

Wie oben bereits erwähnt, solltest du bei einem geliehenen oder gemieteten Scooter keine Griffe entfernen und austauschen. Das sehen die Firmen nicht gerne und es kann sich negativ auswirken.

Hier gibt es eine alternative Lösung: **Einen Helm mit integriertem Blinker**. In diesem Helm befinden sich auf der Rückseite zwei LED-Leisten, die als Blinker fungieren. Gesteuert wird das Ganze über eine kleine Fernbedienung, die du einfach und schnell am Lenker befestigen kannst. So bist du stets flexibel und erhöhst deine Sicherheit um ein Vielfaches. Leider ist die Batterielaufzeit bei den Helmen geringer, als bei den WingLights. Was mir als Zweites nicht so gut gefällt ist, dass sich die Blinker während der Fahrt nicht kontrollieren lassen, da sie sich an deinem Hinterkopf befinden. Du musst also auf die korrekte Funktionalität der Blinker vertrauen.

Ein weiterer Nachteil ist der hohe Preis im Vergleich zu einem normalen Helm oder den Blinkern für die Griffe.

Ein Helm mit integriertem Blinker ist der: *„Livall BH60SE“* oder *„Livall BH51T“*

Wie kannst du deinen E-Scooter schützen?

Du kannst nicht nur dich vor Gefahren schützen. Zum Thema Sicherheit gehören auch Maßnahmen zum Schutz deines E-Scooters.

Sollte dein E-Scooter viel draußen auf dem Hof stehen, dann kannst du ihn mit einer Hülle schützen. Diese deckt den Scooter ab und schützt ihn vor Regen, Hagel, Sonne und Frost. Je nach Modell bieten Hersteller auch passende Hüllen und Taschen für deinen E-Scooter an.

Sollte es keine Hüllen für deinen Scooter geben, kannst du auch universelle Schutzhüllen verwenden. Du solltest aber vorher deinen E-Scooter abmessen und überprüfen, ob er in die Schutzhülle passt.

Alternativ kannst du dich auch bei den Schutzhüllen für Fahrräder umsehen, diese sind etwas zu groß, erfüllen aber trotzdem ihren Zweck. Von mir getestete Hüllen findest du auf meiner Internetseite.

Schütze deinen E-Scooter mit einem Schloss

Wenn du mit deinem E-Scooter unterwegs bist und schnell bei der Eisdiele deines Vertrauens einen Stopp einlegen möchtest, kannst du mit einem Schloss deinen Scooter vor Diebstahl schützen. Es gibt natürlich noch weitere Beispiele, wo ein Schloss durchaus sinnvoll sein könnte.

Wie bei den Fahrrädern, ist auch der E-Scooter ein beliebtes Objekt für Diebe. Deshalb solltest du deinen Scooter auch nicht nur vor dem Wegschieben sichern, sondern auch an Gegenständen, wie Fahrradständern, Laternen oder Ähnlichem anschließen. Du solltest verhindern, dass sich der Dieb den Scooter schnappt und damit einfach verschwindet.

Auswahl von Schlössern

Es gibt derzeit nur eine Handvoll, für den E-Scooter ausgelegte Schlösser. Es passen aber zum Teil auch Schlösser für Fahrräder. Hier solltest du prüfen, ob du diese an deinem E-Scooter anbringen kannst. Wie beim Fahrrad, kannst du bei einem Großteil der E-Scooter auch das Schloss durch die Felgen der Räder ziehen. Es gibt aber einige, die dort einen Spritzschutz verbaut haben, wo ein durchkommen nicht möglich ist.

Alternativ bieten sich auch Schlösser mit einer Lenkerhalterung an, diese muss an den Lenker fest verschraubt werden. Ein Steckmechanismus bietet keinen Schutz und würde sich zu schnell entfernen lassen.

Je nach Modell, gibt es auch sogenannte Bremsscheibenschlösser. Diese Schlösser befestigst du an deiner Scheibenbremse am Hinterrad. Es blockiert das Rad und funktioniert ähnlich wie eine

Alarmanlage. Bei einem Diebstahlversuch gibt diese einen Alarm von sich. Hier ist aber wieder das Problem, dass ein Dieb den E-Scooter einfach in die Hand nimmt und zügig in einem Fahrzeug verstaut. Das kann so schnell gehen, dass es keiner drum herum mitbekommt. Deshalb würde ich von dieser Schlossart bei einem E-Scooter abraten.

Meine Empfehlung sind Ketten- oder Handschellenschlösser. Bei einem Kettenschloss handelt es sich um ein Schloss, welches bei 90 % der Fahrräder zum Einsatz kommt. Meine Empfehlung ist das: VONSALEN Defense Zahlenschloss oder das TOMALL Scheibenbremsenschloss.

Praktisch finde ich auch die Handschellenschlösser. Diese sehen aus wie zwei Handschellen, die durch Metallglieder miteinander verbunden sind. Sie lassen sich einfach mit einem Fahrradständer oder mit Stangen verbinden. Problematisch wird es bei dickeren Gegenständen wie Bäumen oder Laternen. Dafür ist diese Art von Schloss leider nicht geeignet.

Das Master Lock Street Cuff 8200 ist ein solches Handschellenschloss.

Meine Empfehlung: Schau dir auf deiner Buchseite www.eroller-mit-zulassung.de/buch die einzelnen Möglichkeiten an. Hier kannst du die Schlösser ohne Risiko direkt online bestellen. Alternativ fahre mit deinem E-Scooter zu einem Fachhändler und schaue dir passende Schlösser vor Ort an und probiere sie aus. Hier hilft manchmal auch eine Beratung vor Ort, um das perfekte Schloss für dich und deinen E-Scooter zu finden.

10 Tipps für mehr Sicherheit

Ich möchte dir zusammenfassend nochmal **10 Tipps** mit auf den Weg geben, wie du deine Sicherheit beim E-Scooter erhöhen kannst.

Tipp 1: Trage beim E-Scooter-Fahren einen Helm. Dieser Schützt deinen Kopf bei einem Sturz vor schwerwiegenden Verletzungen.

Tipp 2: Achte beim Fahren immer auf die Straße vor dir. Schlaglöcher und Kanten können zu einem Sturz führen. Du solltest auch nicht über lose Steine und Äste fahren. Vermeide unbefestigte Wege und Straßen.

Tipp 3: Sieh dich bei Feuchtigkeit und Glätte vor. Mit einem E-Scooter kannst du relativ schnell wegrutschen.

Tipp 4: Zeige den anderen Verkehrsteilnehmern immer rechtzeitig einen Richtungswechsel an. Benutze dazu deine Hände, Beine oder spezielle Blinker.

Tipp 5: Fahre immer vorausschauend und achte auf Dinge, die um dich herum passieren. Lieber einmal zu viel gebremst, als einen Unfall riskiert. Nimm Rücksicht auf andere Verkehrsteilnehmer.

Tipp 6: Trage festes Schuhwerk für einen sicheren Stand auf deinem E-Scooter.

Tipp 7: Hänge keine schweren Gegenstände an den Lenker! Diese können den Lenker zur Seite ziehen und dich zu Fall bringen.

Tipp 8: Lass deine Hände am Lenker und nutze diese, wenn dann nur für Richtungszeichen. Hier sind Blinker die sicherere Wahl.

Tipp 9: Nutze bei Einsetzen der Dämmerung die Beleuchtung von deinem E-Scooter, sodass du rechtzeitig von anderen Verkehrsteilnehmern gesehen wirst. Du kannst auch spezielle Kleidung mit integrierten Reflektoren verwenden.

Tipp 10: Sollte dein E-Scooter einen Schaden haben, beende die Fahrt. Ein Brechen der Lenkstange oder der Trittfläche endet meistens mit einem schmerzhaften Sturz.

Mit diesen 10 Tipps solltest du bestens für die nächste Fahrt mit deinem E-Scooter gerüstet sein.

Sinnvolles Zubehör für den E-Scooter

Ich konnte in den letzten Jahren einiges an Erfahrung zum Thema Zubehör für einen Scooter sammeln, da Ich nun schon viele Jahre einen Tretroller fahre. Hier waren häufig auch Strecken größer als 20 Km dabei. Für mich hat sich ein Getränke-, Handyhalter, Griffe und Lenkradtasche als sinnvolles Zubehör erwiesen.

Ebenso war auch ein Fahrradcomputer für die Anzeige der Geschwindigkeit und der zurückgelegten Kilometer wichtig. Die Meisten E-Scooter sollten diese Funktion aber von Haus aus bereits mitbringen.

Wie auch in den anderen Kapiteln, möchte ich dich für weiterführende Informationen und einer größeren Auswahl auf meine Seite www.eroller-mit-zulassung.de/buch verweisen. Dort findest du auch zum Teil einzelne Testberichte zu den Produkten.

Kommen wir also zu dem oben genannten Zubehör.

Getränkehalter / Flaschenhalter für E-Scooter

Hier kommt es auf den jeweiligen E-Scooter an. Mein Scooter hat bereits zwei Gewinde für einen Getränkehalter oder anderes Zubehör vorgebohrt. Das ist aber nicht bei jedem E-Scooter so. Die günstigen Modelle haben nur selten ein Gewinde für einen Flaschenhalter. Ich kann nur dringend davon abraten selbständig Gewinde oder Löcher in die Lenkstange oder in den Rahmen zu bohren, da sich dort in den meisten Fällen der Akku befindet. **Achtung:** Explosionsgefahr!

Sollte, wie in meinem Fall, schon ein Gewinde für die Aufnahme von Getränkehaltern vorhanden sein, kann ich dir folgenden Getränkehalter empfehlen, die ich auch bei meinem Scooter und Fahrrad nutze: *„Elite Flaschenhalter Custom Race“*

Mein Tipp

Wenn keine Halterung vorhanden ist, habe ich mit einem Adapter gute Erfahrungen gemacht. Dieser kann einfach an der Lenkstange befestigt werden.

Adapter: *„SKS Adapter Anywhere mit Topcage“*

Smartphonehalterung / Handyhalter für E-Scooter

Einen Handyhalter muss man mögen oder eben nicht. Von einer Nutzung während der Fahrt kann ich nur abraten, da ihr euch nicht auf die Straße konzentrieren könnt und es zu einem Unfall oder Sturz kommen kann.

Ich persönlich nutze die Halterung, um mein Handy als Navigationssystem zu nutzen und um Musik zuhören.

Da ich eine Handyhalterung auch am Fahrrad nutze, konnte ich bereits einige Modelle testen und weiß worauf es ankommt. Ich habe günstige bis hochwertige Modelle getestet. Mein Favorit sind die Handyhalter aus Metall. Diese sind hochwertig verarbeitet, sehen optisch gut aus und halten das Handy perfekt am Lenker.

Bei den meisten Lenkern der E-Roller / E-Scooter sollte noch Platz für einen Handyhalter sein. Sollte der Platz eng werden, kann auf kürzere Lenkergriffe zurückgegriffen werden. Alternative Griffe findest du unter dem Absatz „Griffe für den Lenker". Ich kann dir folgende Handyhalterung empfehlen: GUB Plus 6

Lenkertasche für den E-Scooter

Wofür brauche ich eine Lenkertasche, werden sich einige Fragen? Das ist ganz einfach. Du musst oder möchtest vielleicht hin und wieder kleinere Sachen wie Schlüssel, Portemonnaie, Werkzeug, Handy, Powerbank, Bluetooth-Lautsprecher, Zettel, Stift, Taschenlampe, Mütze, Handschuhe, Erste-Hilfe-Set, Snacks etc. transportieren, möchtest aber keinen

Rucksack mitnehmen? Dann ist eine Lenkertasche schon ziemlich praktisch.

Aufgrund der Größe vom E-Scooter würde ich zu einer etwas kleineren Tasche raten, damit sie beim Fahren nicht stört oder dich sogar behindert. Meine Empfehlung ist maximal 3 Liter Fassungsvermögen. Die Lenkung ist etwas sensibler, als beim Fahrrad wodurch sich eine größere Tasche negativ auf das Fahrverhalten auswirken kann.

Worauf du noch achten solltest, ist die Wasserfestigkeit. Sollte diese nicht gegeben sein, werden im Regelfall immer kleine Regenschutzhüllen mitgeliefert. Man weiß nie wie das Wetter wird und das wäre doch schade, wenn deine Sachen nass werden.

Die Rixen und Raul Tasche arbeitet mit dem KlickFix System und lässt sich so besonders schnell anbringen und wieder entfernen. Bitte beachte aber, dass dieses System nicht an jeden Lenker passt. Hier solltest du vorher genauer hinschauen, ob du das System bei dir verbauen kannst. Ich empfehle dir hier eine universale Tasche ohne KlickFix System.

Lenkertasche: Docooler Lenkertasche

Griffe für den Lenker

Da es sich beim E-Scooter im Regelfall um einen normalen Lenker handelt, passen hier auch handelsübliche Lenkergriffe (Fahrrad). Die meisten, Standard verbauten Griffe sind weder ergonomisch noch bequem. Insbesondere bei längeren Strecken sind mir gute Griffe sehr wichtig geworden. Diese entlasten etwas die Handgelenke und dämpfen Erschütterungen sowie Vibrationen besser ab.

Auf Griffe mit Hörnern, ähnlich wie beim Fahrrad, kann aber verzichtet werden, da wir auf dem Roller eine andere Position als auf dem Fahrrad haben und auch den Gashebel bedienen müssen.

Du solltest nicht vergessen, dass ein Roller im Vergleich zum Fahrrad kleinere Räder hat und sich somit die Vibrationen mehr in die Hände und Arme übertragen, als bei einem Fahrrad. Bei schlechtem Untergrund kann man dies besonders deutlich spüren.

Als weiteres dürfen die Griffe nicht rutschig sein. Wenn die Hand in einer Kurve von dem Lenker abrutscht, bedeutet das den sicheren Sturz. Deshalb lege ich auf den Grip einen besonderen Wert.

Die Demontage der alten Griffe erfolgt ähnlich wie bei einem Fahrrad. Dazu gibt es bereits etliche Anleitungen auf Videoportalen wie YouTube.

Beachte bitte, dass du das Wechseln der Griffe nur bei deinem eigenen E-Scooter vornimmst. Bei Leih- oder Mietgeräten ist ein Austauschen von Anbauteilen nicht erlaubt.

Meine Empfehlung für passende Griffe: Ergon GP1

Mein Tipp

Du kannst mit deinem Smartphone oder mit deiner Smartwatch (wenn vorhanden) die gefahrene Strecke aufzeichnen. Ich nutze dafür meine Garmin Vivoactive 3 Smartwatch in Verbindung mit der Garmin App auf dem Smartphone. So kann ich mir nach der Fahrt nochmal die Strecke auf der Karte anschauen und die komplette Fahrt auswerten. Angefangen von der Entfernung, durchschnittliche Geschwindigkeit bis hin zu Höhenmeter. Das ist besonders interessant, wenn man mit dem E-Scooter Ausflüge unternimmt.

Solltest du keine Smartwatch nutzen, kann ich dir auch wieder die Smartphone-App „Komoot“ empfehlen. Alternativ geht auch Runtastic oder eine andere Fitness-App, die deine Strecke aufzeichnet. Die zwei genannten Apps gibt es für IOS und Android. Die App ist in der Grundvariante kostenlos.

Wie du siehst, gibt es einiges an sinnvollem Zubehör für den E-Scooter. Der Zubehörmarkt ist groß und wird auch im Bereich der E-Scooter die nächsten Jahre noch kräftig wachsen. Ich bin gespannt, was die Zukunft noch so bringt und werde auf meinen Seiten darüber berichten.

Pflege und Wartung

So wie jedes andere Fortbewegungsmittel, braucht auch der E-Scooter hin und wieder etwas Pflege. Sei es die Reinigung nach einem Ausflug oder das Ölen der beweglichen Teile nach einigen Monaten. In diesem Kapitel möchte ich dir zeigen, auf welche Punkte du achten solltest und wie du am besten vorgehst. Ich zeige dir auch, wie du mehr Reichweite erreichen kannst und auf was du beim Akku achten kannst. Beginnen wir mit der Reinigung.

Wie reinige ich einen E-Scooter richtig?

Wer viel draußen unterwegs ist, kommt nicht drum herum, denn auch der schönste E-Scooter wird einmal dreckig. Doch wie putzt man diesen am besten?

Einen E-Scooter putzt man ähnlich, wie ein E-Bike. Du solltest vor der Reinigung den Akku entfernen. Sollte sich dieser nicht entfernen lassen, putze die Stelle behutsam mit einem Schwamm. Nutze auf keinen Fall aggressive Reinigungsmittel!

Du solltest vor dem Putzen in die Bedienungsanleitung vom E-Scooter schauen, ob du etwas beachten musst. Eventuell sind bestimmte Teile an deinem Roller nicht wasserfest. Im Regelfall sind die meisten E-Scooter aber Spritzwassergeschützt.

Beim Putzen solltest du auf einen Hochdruckreiniger oder Dampfstrahler komplett verzichten. Ein

Gartenschlauch mit wenig Druck reicht vollkommen aus. Der Dreck wird durch den Schwamm entfernt und nicht durch hohen Wasserdruck.

Bei zu hohem Wasserdruck könnte Wasser in deinen Roller eintreten und an Stellen gelangen, wo kein Wasser hingehört. Weiterhin kann es passieren, dass das Öl dadurch aus den Lagern gespült wird. Das muss nicht sein und erhöht den Pflegeaufwand.

Grundsätzlich benötigst du keine speziellen Reinigungsmittel, diese erleichtern dir aber die Reinigung.

Zu der Grundausstattung gehört ein Eimer mit Wasser, ein Schwamm und eine kleine Menge an Reinigungsshampoo. Es gibt auch spezielle Bürsten, mit denen du in die kleinsten Ecken kommst.

Mein Tipp

Halbiere oder viertele den Schwamm, so erreichst du auch die kleinsten Ecken.

Ich persönlich arbeite gerne mit dem Reinigungsgel von Dr. Wack. Einsprühen, 5 bis 10 Minuten abwarten, abspülen und fertig.

Bei hartnäckigen Verschmutzungen greife ich gerne zu einem Schwamm, nachdem ich die Fläche mit dem Reinigungsgel habe einwirken lassen. Das funktioniert bei mir einwandfrei.

Ich reinige meinen E-Scooter ungefähr alle 4 Wochen oder, wenn er zu stark verschmutzt ist. Für zwischendurch nutze ich auch gerne die Express Pflege von Dr. Wack. Aufsprühen, abwischen, fertig.

Mein Tipp

Wenn du nicht so viel Geld für Spezialprodukte ausgeben möchtest, dann kann ich dir die normalen Oberflächenreiniger aus dem Supermarkt empfehlen. Diese funktionieren ähnlich, nur nicht ganz so schonend. Wenn man diese jedoch zeitnah abwischt und er restlos entfernt, dann ist der Reiniger eine gute Alternative. Meine Empfehlung „Sidolin Multi-Flächen". Achtung: Der Reiniger darf nicht auf die Lager und Gelenke kommen, da er fettlösend wirkt!

Nachdem dein Roller gereinigt ist, sprechen wir noch über das Thema Wartung.

Die Wartung des E-Scooter

Damit du lange Freude an deinem E-Scooter hast, solltest du diesen regelmäßig warten. Die Wartung ist auch überschaubar – versprochen.

Als Erstes solltest du den E-Scooter einer Sichtprüfung unterziehen. Das bedeutet du schaust dir den kompletten E-Scooter an und suchst nach Auffälligkeiten. Das können Risse im Gehäuse, angebrochene Lenkerstangen oder beschädigte Bremszüge sein. Führe am besten vor jeder Fahrt einen kurzen Bremstest bei geringer Geschwindigkeit durch. Prüfe regelmäßig, ob noch alle Schrauben und Muttern fest sind und ziehe diese bei Bedarf nach.

Teste auch die Beleuchtung vorne und hinten, damit du bei Dunkelheit von anderen Verkehrsteilnehmern gesehen wirst.

Ein E-Scooter hat viele bewegliche Teile. Diese solltest du regelmäßig nachfetten. Dafür kannst du ein spezielles Multifunktionsöl oder Fett für Fahrräder verwenden oder alternativ ein Feinmechaniköl. Im Regelfall reichen wenige Tropfen aus. Bitte nicht zu viel Öl verwenden. Dieses lässt sich später schlecht reinigen und beschädigt dir unter Umständen auch den Boden.

Schrauben, Muttern und verchromte Teile, können mit einem Rostschutzmittel behandelt werden. Das ist aus meiner Sicht aber nicht zwingend erforderlich. Hier musst du auch auf das entsprechende Material achten.

Schau in die Bedienungsanleitung, ob der Hersteller oder entsprechende Partner eine Wartung für den E-Scooter anbietet oder empfiehlt. Die Wartung solltest du regelmäßig durchführen lassen. Bei der Wartung wird die Elektronik auf Fehler überprüft, die Software aktualisiert, sowie die Räder und Bremsen kontrolliert.

Den Akku richtig pflegen

Du möchtest das Beste aus deinem Akku herausholen und die Lebenszeit verlängern, dann habe ich noch einige Tipps für dich.

Als Erstes solltest du wissen, dass die meisten Akkus erst nach mehrmaligem Laden ihre volle Kapazität erreichen. Du solltest den Akku also erst 2-3-mal vollständig aufladen.

Der Akku sollte im besten Fall nie vollständig entleert werden. Das kann sich negativ auf die Haltbarkeit auswirken. Dieser Negativfall nennt sich Tiefenentladung.

Nutze immer das originale Ladekabel, um eventuelle Beschädigungen zu vermeiden. Bei einem falschen Ladekabel kann auch die Gewährleistung oder Garantie verloren gehen.

Wenn du einen abnehmbaren Akku hast, achte bitte darauf, dass er dir nicht herunterfällt. Sollte das doch einmal passiert sein, kontaktiere den Händler / Hersteller und lass den Akku auf Beschädigungen überprüfen.

Achte auf eine richtige Lagerung des Akkus und E-Scooters. Du solltest deinen E-Scooter und den Akku im Sommer nicht der direkten Sonne aussetzen. Das bezieht sich aber nur auf die Lagerung, ein Fahren im Sommer und ein kurzzeitiges Abstellen in der Sonne ist natürlich kein Problem. Das Gleiche gilt für den Winter. Hier solltest du darauf achten, dass der E-Scooter und der Akku frostsicher aufbewahrt werden. Zu niedrige und hohe Temperaturen können sich negativ auf die Kapazität und Lebensdauer des Akkus auswirken. Die beste Lagertemperatur für einen Akku liegt zwischen 15 und 20 Grad Celsius. Der perfekte Ladezustand für die Lagerung liegt zwischen 50 und 70 Prozent. Du solltest immer darauf achten, dass der Akku während der Lagerung nicht leer ist. Das wirkt sich negativ auf die Batterie aus.

Bei einem abnehmbaren Akku kannst du regelmäßig die Kontakte auf Schmutz und Korrosion prüfen. Im Zweifelsfall kannst du auch etwas Kontaktspray nutzen, um die Kontakte wieder fit zu machen.

Hinweis

Solltest du Probleme mit dem Akku haben, wende dich immer zuerst an deinen Händler oder an den Hersteller. Du solltest auf keinen Fall selbst Hand anlegen und den Akku öffnen. Das kann böse enden und du verlierst die Garantie deines Akkus / E-Scooters

Die nächsten Abschnitte haben wenig mit der Wartung und Pflege vom E-Scooter zu tun. Nachfolgend findest du einen Bonustipp, wie du die Reichweite deines E-Scooters erweitern kannst:

Die Reichweite erhöhen

Wie du bereits weißt, ist die Reichweite je nach Modell grob vorgegeben. Hier gibt es aber noch Faktoren, die sich negativ auf die Reichweite auswirken. Wenn du folgende Punkte beachtest, kannst du die Ausdauer von deinem E-Scooter allerdings etwas erhöhen.

Jeder Höhenmeter wirkt sich negativ auf die Reichweite aus, wenn du Steigungen und Berge meiden kannst, dann meide sie. Du kannst natürlich auch deinen Scooter schieben, um deinen Akku zu schonen.

Auf langen und geraden Strecken kannst du auch mal auf die Motorunterstützung verzichten. Das ist gut für den Körper und schont den Akku.

Die Lager (Räder) von deinem E-Scooter sollten immer gut geschmiert sein. Je größer der Reibungswiderstand, umso mehr muss der Motor arbeiten und je größer ist der Akkuverbrauch.

Wenn dein E-Scooter eine Luftbereifung hat, solltest du immer auf den richtigen Luftdruck achten. Je größer der Luftdruck, umso weniger Lauffläche ist vorhanden, also weniger Widerstand und das bedeutet mehr Reichweite. Bedenke aber, dass sich ein hoher Luftdruck auch negativ auf den Fahrkomfort auswirkt. Beim Reifendruck empfiehlt sich die Vorgabe des Herstellers.

Vorausschauend fahren, jedes Bremsen und wieder Anfahren wirkt sich negativ auf den Akku aus. Versuche unnötiges Bremsen zu vermeiden. Hinweis: Es gibt auch einige E-Scooter, die beim Bremsen den Akku wieder etwas aufladen.

Wie du siehst ist die Wartung überschaubar. Im Regelfall empfiehlt sich eine Wartung nach der Winterpause. Viele nutzen die Winterpause auch für eine Wartung bei dem Hersteller oder Händler. Eine Sichtprüfung und ein Bremstest sollte vor jeder Fahrt erfolgen. Wenn du die Pflege und Wartung nicht aus den Augen verlierst, wirst du lange Freude an deinem E-Scooter haben.

Die Versicherung für deinen E-Scooter

Im Kapitel „Gesetze und Wissenswertes“ haben wir bereits über die gesetzlichen Anforderungen für einen E-Scooter gesprochen. Zu diesen Anforderungen gehört auch das Thema Versicherung. Wenn du dir einen E-Scooter bereits gekauft hast oder demnächst einen kaufen möchtest, solltest du dich mit dem Thema Versicherung beschäftigen.

Ohne diese E-Scooter-Versicherung, darfst du deinen E-Scooter nicht fahren und könntest dafür rechtlich belangt werden. Auch bei einem Unfall benötigst du die Versicherung. Diese schützt dich vor Ärger und vor den daraus entstehenden Kosten.

Ich möchte dazu sagen, ich bin kein Fachmann oder Versicherungsexperte. Alles, was ich hier schreibe erfolgt ohne Gewähr und spiegelt nur meine Erfahrungen und Recherchen wider. Wenn du dir unsicher bist oder weitergehende Fragen zu dem Thema hast, solltest du dich an ein Versicherungsunternehmen deines Vertrauens wenden. In vielen Fällen kann dir auch ein Versicherungsmakler weiterhelfen.

Um die richtige Versicherung zu finden, habe ich mir folgende Fragen gestellt:

Benötige ich wirklich eine E-Scooter Versicherung?

Ganz klar, ja! Weil es vom Gesetzgeber so vorgeschrieben wurde. Es hat aber auch noch einen weiteren Grund. Der Versicherungsschutz ist nicht zu vernachlässigen und besonders wichtig, falls du in einen Unfall verwickelt wirst. Manchmal geht es schneller, als man denkt und du musst daran nicht mal eine Schuld haben.

Im Falle eines Unfalls, werden die Schäden nicht durch die private Haftpflichtversicherung abgedeckt. Hier greift nun die E-Scooter Versicherung. Sei es ein Personen- oder ein Sachschaden. Umso wichtiger ist, dass du das Thema wirklich ernst nimmst und den richtigen Versicherungspartner für dich auswählst.

Was muss ich zu der E-Scooter Versicherung noch wissen?

Gilt die Versicherung nur für mich oder kann ich meinen E-Scooter auch an andere Personen verleihen?

Das Schöne an den Versicherungen: Sie gelten auch für andere Personen, da sie an das Kennzeichen und somit an das Fahrzeug und nicht an die Person gebunden sind. Du kannst den Roller also ohne Probleme verleihen.

Welche E-Roller darf ich überhaupt fahren?

Damit du mit dem E-Scooter im Straßenverkehr fahren kannst, benötigt dieser eine allgemeine Betriebserlaubnis, auch ABE genannt. Als weiteres muss er die gesetzlichen Anforderungen erfüllen (zum Beispiel maximal 20 Km/h, maximal 500 Watt Leistung, Bremsen, Scheinwerfer etc.). Detaillierte Informationen findest du auch im Kapitel „Gesetze und Wissenswertes".

Kann ich meinen E-Scooter nicht auch gleichzeitig mit meinem Auto mitversichern?

Nein leider nicht. Die E-Scooter gelten als eigenständiges Fahrzeug und können somit nicht mitversichert werden. Sie benötigen auch eine eigene Versicherungsplakette. Diese bekommst du nach dem Abschluss der Versicherung nach Hause geschickt. Somit benötigt jeder E-Scooter eine eigene Haftpflichtversicherung.

Wie lange läuft die Versicherung und wann kann ich sie abschließen?

Versicherungen für E-Scooter werden immer für ein Jahr abgeschlossen und müssen nicht gekündigt werden. Um die Versicherung zu verlängern, bieten viele Versicherer die Möglichkeit der 1-Klick-Verlängerung an. Dazu genügt im Regelfall ein Klick im Kundenportal. Entscheidest du dich für den Versicherungsvergleich von Check24, dann kannst du dort die Verlängerung mit einem Klick erledigen.

Die Versicherung für deinen E-Scooter kannst du jederzeit abschließen. Eine Vorgabe gibt es dafür nicht.

Was wird mich die Versicherung im Jahr kosten?

Zu den Kosten gibt es einige Möglichkeiten. Je nachdem, ob es eine reine Haftpflichtversicherung oder eine Haftpflichtversicherung mit Teilkasko-Schutz werden soll. Dazu möchte ich dir kurz die Unterschiede beziehungsweise den Inhalt erklären.

Haftpflichtversicherung für E-Roller

Bei der Haftpflichtversicherung bist nur du und der Geschädigte versichert. Das heißt, sollte es zu einem Unfall kommen, übernimmt die Versicherung die Schäden gegenüber Dritten in einer Höhe bis zu 100 Millionen Euro für Sach-, Personen- und Vermögensschäden. Die Werte können, je nach

Versicherer abweichen. Schäden an deinem E-Scooter werden bei der Haftpflicht nicht ersetzt.

Haftpflichtversicherung + Teilkaskoversicherung

Hier sind die Inhalte der Haftpflichtversicherung identisch mit der Einzelversion. Dazu kommt nun aber noch der Teilkasko-Schutz. Das heißt, bei Schäden an deinem E-Scooter werden diese bei einem Selbstbehalt von 150 Euro ersetzt. Das betrifft Diebstahl, Raub, Brand oder Beschädigung durch zum Beispiel Hagel oder Sturm. Die genaue Absicherung und der Selbstbehalt können, je nach Anbieter, abweichen. Hier solltest du dir immer genau die Bedingungen durchlesen.

Derzeit gibt es aber kaum Unterschiede bei den Versicherungen.

Die Kosten bei der Haftpflichtversicherung betragen, je nach Anbieter, zwischen 14 und 40 Euro im Jahr. Die Haftpflichtversicherung in der Kombination mit der Teilkaskoversicherung kostet etwa 27 und 60 Euro im Jahr. Bei dieser minimalen Differenz würde ich dir zu einer Kombination aus Haftpflicht- und Teilkaskoversicherung raten.

Einige Anbieter bewerten den Preis auch anhand deines Alters. Je jünger du bist, umso teurer ist die Versicherung.

Die benötigte Versicherungsplakette ist im Regelfall im Preis inklusive. Zum Beispiel kann man bei der HUK-

Coburg die Plakette auch in einer Geschäfts-stelle oder im Kundenbüro sofort abholen. Das ist für die ganz Eiligen unter euch ein riesiger Vorteil.

Jetzt hast du alle wichtigen Informationen zu der Versicherung für deinen E-Scooter zusammen. Nun liegt die Entscheidung bei dir, für welchen Anbieter und für welche Versicherung du dich entscheidest. Ich kann dir als Vergleichsmöglichkeit den Tarifrechner von Check24 empfehlen.

Meine persönliche Tarifempfehlung ist die Haftpflichtversicherung in der Kombination mit einer Teilkasko-Absicherung von der HUK-Coburg. Alternativ kannst du dir auch die Versicherung von der bayrischen Versicherung anschauen.

Die Links zu den einzelnen Versicherungen findest du wie gewohnt auf deiner Buchseite: www.eroller-mit-zulassung.de/buch

Die von mir genannten Versicherungen sind aber nur meine persönlichen Empfehlungen. Es gibt natürlich noch weitaus mehr Versicherer und ich kenne auch nicht alle Angebote. Hier kann sich eine individuelle Recherche oder Beratung durchaus lohnen.

Eventuell bekommst du auch eine gute Versicherung zu besseren Angebotspreisen.

Noch eine kleine Erinnerung: Wenn du einen E-Scooter leihst oder mietest, dann benötigst du keine separate Versicherung. Diese ist in dem Miet- oder Leihpreis bereits enthalten und wird über den Anbieter geregelt. Die Versicherungsbedingungen solltest du dir trotzdem vorher genau anschauen, um im Nachhinein keine bösen Überraschungen zu erleben. Dies betreffen insbesondere die Versicherungshöhe, den Umfang und die Selbstbeteiligung.

Ausflüge und Touren mit dem E-Scooter

E-Scooter können noch so viel mehr, als dich nur stupide von A nach B zu befördern. In diesem Kapitel möchte ich über Touren und Ausflüge mit dem E-Scooter sprechen und warum es so viel einfacher, als mit dem Fahrrad oder E-Bike ist. Ich gebe dir Tipps, auf was du achten solltest und welche Strecken sich am besten für den E-Scooter eignen.

Vielleicht kennst du es auch, die Woche neigt sich dem Ende und das Wochenende kommt immer näher. Doch was tun?

Einen Ausflug mit dem Fahrrad? Dafür muss aber die Fahrradhalterung an deinem Auto angebracht werden. Oder das Fahrrad muss erst aufwendig auseinander gebaut werden, um es im Fahrzeug zu transportieren. Komfortabel und spontan ist das nicht.

Anders ist es mit dem E-Scooter. Dieser lässt sich schnell und handlich zusammenklappen. So passt er einfach in den Kofferraum oder hinter den Fahrersitz. Eine Halterung oder ein Demontieren ist nicht notwendig und zusammengeklappt lassen sich auch mehrere E-Scooter in einem Auto transportieren.

Mein Tipp: Schütze deinen Kofferraum mit einer Decke oder einer Schutzmatte.

Wie oft habe ich es schon erlebt. Draußen scheint die Sonne und es ist ein wunderschönes Wetter. Die Lust auf einen Ausflug steigt und es treibt mich vor die Tür. Ich wollte nicht groß wegfahren und lieber etwas die nähere Umgebung erkunden. Also habe ich mich auf das Fahrrad geschwungen und bin zum Bahnhof gefahren. Und dort angekommen, gingen die Probleme auch schon los. Die Idee mit dem Fahrrad und dem Zug hatten natürlich auch andere. Schließlich war an diesem Frühlingstag ein schönes und sonniges Wetter.

Da standen wir also. Alle mit den Fahrrädern und guter Laune bewaffnet.

Ich weiß, dass die Fahrradplätze in einem Zug nur begrenzt zur Verfügung stehen. Je nach Zug und Abteil, liegt die Kapazität bei ca. 5 Fahrrädern. Ich schaute mich langsam um und überflog die Anzahl der Fahrräder. Meine erste Zahl, die ich zählte, war 9 und dort war mein Fahrrad noch nicht mit einbezogen. Das konnte nicht funktionieren.

In dem Moment, wo mir das Problem klar wurde, fuhr der Zug auch schon ein, jetzt heißt es schnell sein, doch bevor sich die Türen öffneten, kam auch schon die erste Ansage: „Leider sind bereits alle Fahrradplätze belegt, bitte entfernen Sie sich mit Ihren Rädern von dem Zug“ - Dieser Zug war also schon voll. Was jetzt? Na gut, der nächste Zug kommt in einer Stunde, ich schnappte mir mein Fahrrad und fuhr zum nächsten Bäcker frühstücken.

Nach 45 Minuten kehrte ich an den Bahnhof zurück. Doch auch der nächste Zug war voll und damit endete auch die Idee mit dem Ausflug, denn die Lust war mir vergangen. Diese Geschichte wiederholte sich ein weiteres Mal.

Mit dem E-Scooter lief das jetzt allerdings anders. Ich fuhr den Weg zum Bahnhof ohne Motorunterstützung. Ein bisschen Sport am Morgen kann ja nicht schaden. Am Bahnsteig angekommen schaute ich mich wieder um. 7 Fahrräder. Doch diesmal ließ mich die Situation locker, denn ich war nicht mehr auf die Fahrradplätze angewiesen.

Der Zug fuhr ein. Ich lehnte mich zurück und beobachtete das Geschehen. Drei Fahrräder durften noch mit, für die vier anderen war an dieser Stelle Schluss und sie mussten enttäuscht das Gleis verlassen.

Ich klappte ganz entspannt den E-Scooter zusammen und stieg in den Zug, ich suchte mir einen Sitzplatz, schob den Scooter unter den Sitz und begann meine Reise.

Für mich war diese Situation ein neu gewonnener Luxus. Ich denke mein Erlebtes zeigt, wie flexibel ein E-Scooter im Vergleich zum Fahrrad ist. Ja, ich weiß, es gibt auch Klappräder, die sich zusammenklappen lassen. Doch sind diese nicht ansatzweise so klein und handlich wie ein E-Scooter. 20 Zoll-Räder sind nun mal 20 Zoll.

Hinweis zum Transport von E-Scootern bei der deutschen Bahn

Die deutsche Bahn hat bekannt gegeben, dass die Mitnahme von E-Rollern kostenfrei erfolgt und kein Aufpreis gezahlt werden muss.

Berthold Huber Personenverkehrsvorstand der Deutschen Bahn sagt: „Diese sollen ja auch dazu beitragen, dass unsere Fahrgäste leichter zum Bahnhof kommen“

Das erhöht enorm die Flexibilität, denn so bleibt die Möglichkeit, von Ort zu Ort zu reisen und dort die Gegend zu erkunden. Auch wird die Entscheidung viele Pendler erfreuen. Im nächsten Abschnitt zeige ich dir, wie ein Wochenendausflug ablaufen könnte und was du dabei beachten solltest.

Wie kannst du einen Ausflug mit dem E-Scooter planen?

Meine Idee: Mach doch einmal einen Wochenendausflug mit dem E-Scooter. Suche dir als Erstes ein Bundesland aus, welches dir gefällt oder welches du schon immer einmal erkunden wolltest.

Jetzt hast du mehrere Möglichkeiten. Für eine passende Tour kannst du im Internet recherchieren, einen Reiseatlas oder Touren-Bücher verwenden oder eine Handy-App für Android oder IOS nutzen.

Das Internet

Beginnen wir mit dem ersten Punkt, im Internet recherchieren. Ich suche mir die Routen auf folgenden Seiten aus:

- www.komoot.de/plan (eine kostenlose Registrierung ist möglich, aber nicht notwendig)
- www.falk.de/routenplaner-fahrrad
- maps.google.de

Auf diesen Webseiten kannst du nach Routen suchen. Aber prüfe vorher, dass die Route nicht die Reichweite deines E-Scooters um Weiten übersteigt.

Reiseatlas/ Touren-Bücher

Bei den Touren-Büchern bevorzuge ich die Werke von Bikeline aus dem Esterbauer Verlag oder die Radreiseführer von ADFC. Diese Bücher findest du im Internet, zum Beispiel bei Amazon oder stationär im gut sortierten Fachhandel. Du kannst dich bei den Büchern generell an den Fahrradtouren orientieren. Diese sind teilweise auch für den E-Scooter geeignet. Schwierig wird es erst bei unebenem Gelände. Optimal sind Touren für Rennräder, denn diese benötigen auch einen glatten Untergrund.

Handy-App

Die Handy-Apps gibt es für Apple IOS und Android. Die Apps funktionieren ebenso auf den Tablets (IOS / Android). In erster Linie kannst du die App von Google Maps verwenden. Dort musst du in den Routenoptionen das Fahrrad auswählen, damit du auch die passenden Strecken angezeigt bekommst.

Bitte beachte: Bei Google Maps gibt es keine Differenzierung der Strecken. Hier können auch unbefestigte Wege mit Splitt angezeigt werden.

Neben der App von Google, bieten sich auch spezielle Apps für solche Routen an. Hier ist die App von Komoot zu empfehlen. Dort bekommst du ganz viele Routen zur Auswahl. Hier musst du nur die Passende für dich heraussuchen. Die Auswahl findest du unter den Punkt „Entdecken“.

Wie kann so eine E-Scooter Tagestour ablaufen?

Das möchte ich dir nicht vorgeben, aber so läuft es bei mir ab: Du kannst es gerne als Orientierung nutzen.

Im ersten Schritt suche ich mir einen interessanten Ort mit einer schönen Umgebung aus. Im nächsten Schritt prüfe ich im Internet, welche Routen dort empfohlen werden. Hierfür verwende ich die Suche von komoot.de. Meine Empfehlung: Wähle bei Komoot Touren für das Rennrad aus! Diese Touren sind zum Großteil auf Asphaltstraßen ausgelegt – der perfekte Untergrund für den E-Scooter. Aber warum meide ich freies Gelände, Wald- und Wiesenwege? Für diesen Untergrund ist der E-Scooter einfach nicht gemacht, die Räder sind zu klein, zu schmal und es ist keine oder nur unzureichende Federung vorhanden. Ich achte darauf, nur auf befestigten Fahrradwegen zu fahren. Das schont auch den Scooter.

Hinweis

Es gibt auch den E-Scooter von IOHAWK, den Exit Cross. Dieser E-Scooter ist auch für Gelände, außerhalb der Straßen ausgelegt. Damit sind auch Touren über Schotter und Wiesen kein Problem. Wenn dich solche Touren interessieren, solltest du dir den Exit Cross auf jeden Fall etwas genauer anschauen. Bedenke aber, aufgrund seines Gewichts von ca. 20 Kilogramm ist er nicht so handlich wie die meisten E-Scooter.

Als Nächstes schaue ich, was die Route für Spots und Sehenswürdigkeiten zu bieten hat. Je mehr ich sehen und erleben kann, umso besser.

Da mein E-Scooter eine Reichweite, je nach Strecke, von 30 bis 40 km hat, achte ich darauf das die ausgesuchte Tour, die 50 bis 60 km nicht überschreitet. Bis zu 20 km ohne Motorunterstützung am Tag sind für mich bequem machbar. Hier müsstest du aber für dich herausfinden, was bei dir gut geht und die Strecken entsprechend anpassen.

Die Anreise erfolgt bei mir im Regelfall mit der Bahn oder mit dem Auto.

Mehr bereite ich nicht vor, den Rest lasse ich spontan ablaufen. Bisher bin ich so am besten gefahren. Umso mehr du planst, umso stressiger kann es werden und der Ausflug soll ja in erster Linie Spaß machen.

Die Ausrüstung für Ausflüge

Für meine Reisen nehme ich immer folgendes Zubehör und Gepäck mit: Einen Rucksack für ein paar Kleidungsstücke. Je nachdem, ob ich im Hotel übernachte oder am gleichen Tag zurückfahre.

Eine Geldbörse mit Krankenkassenkarte und Personalausweis und etwas Bargeld. Dann eine Getränkeflasche, die ich Unterwegs nachfülle. Eine Lenkertasche, in der ich ein Schloss für den E-Scooter und ein kleines Werkzeugset, sowie mein Handy unterbringe. Ich habe auch immer ein kleines Erste-Hilfe-Set dabei, sicher ist sicher. In diesem Set befinden sich Wundpflaster, eine Mullbinde und eine kleine Schere.

Tipp: Denke an Sonnencreme! Wer viel in der Sonne fährt, kann schnell einen Sonnenbrand bekommen. Solltest du keinen Helm tragen, würde ich dir eine Mütze empfehlen, um keinen Sonnenstich zu riskieren.

Zwei Tagesausflüge mit dem E-Scooter

Bei längeren Touren nehme ich gerne die Bahn. Wenn ich dann mit dem Zug fahre, entscheide ich mich auch gerne einmal für eine Route die 100 bis 120 km in eine Richtung geht und übernachte bei der Hälfte in einem Hotel, Motel oder in einer anderen Unterkunft. Ich achte immer darauf, dass dort eine Steckdose vorhanden ist, an der ich meinen E-Scooter aufladen kann.

Mein Tipp

Wenn du spontan ein Hotel auswählst, rufe vorher kurz an und prüfe die Verfügbarkeit von Zimmern. Besonders, wenn in der Nähe Messen oder Veranstaltungen stattfinden, können die Zimmer ausgebucht sein. Sollten keine Zimmer mehr frei sein, kannst du deine Route vorher noch anpassen. Das ist besser, als am Ende keine Unterkunft zu haben und den Rückweg antreten zu müssen.

Idee: Wenn die Technik weiter voranschreitet und es flächendeckend Ladestationen gibt, kann man diese längeren Touren auch an einem Tag absolvieren. Dadurch ergeben sich dann ganz neue Möglichkeiten. Einmal quer durch Deutschland in 5 Tagen? Warum nicht!

Wenn ich mit dem Zug auf Tour gehe, achte ich immer darauf, dass die Tour in der Nähe eines Bahnhofs endet, der auch eine passende Zugverbindung für den Heimweg hat. Ich versuche immer häufiges Umsteigen zu vermeiden, denn das bedeutet für mich nur Stress.

Anreise mit dem Auto

Wenn ich mit dem Auto fahre und einen Tagesausflug unternehme, suche ich mir Routen, die einen Umfang zwischen 50 – 60 km haben und die am Startpunkt wieder enden. Also sogenannte Rundtouren. Du kannst dir aber auch eine Unterkunft suchen und am nächsten Tag in eine andere Richtung starten. Je nachdem, ob du einen oder zwei Tage unterwegs bist.

Achte aber darauf, dass dein Auto einigermaßen sicher steht und nicht in einem Halteverbot. Ich benutze gerne Parkhäuser oder Wohngebiete, die meistens auch gut belebt sind. Das gibt mir ein sicheres Gefühl.

Auf diese Dinge solltest du bei deiner Routenplanung achten

- Achte darauf, dass du asphaltierte Radwege benutzt und bei der Routenplanung gezielt danach suchst.
- Achte darauf, dass du bei Sightseeing-Touren in der Stadt deinen E-Scooter nur ohne Motorunterstützung nutzen darfst, wenn keine Radwege vorhanden sind.
- Prüfe die Wettervorhersagen und vermeide Tage, an denen es regnen soll. Das kann schnell gefährlich werden. Rutschiger Untergrund und die kleinen schmalen Räder vertragen sich nicht so gut.
- Nimm ein Schloss mit, damit du deinen E-Scooter sicher abstellen kannst.
- Denke an dein Ladekabel, damit du den E-Scooter aufladen kannst. Im Regelfall genügen rund 60 Minuten für ca. 60 bis 80 % der Kapazität. Das bringt dir wieder einiges an Kilometer. Eventuell kannst du deinen Scooter auch während einer Mahlzeit in einem Restaurant oder in einer Gaststätte laden.
- Nimm einen Rucksack und / oder eine Lenkertasche mit, damit du alle Utensilien transportieren und verstauen kannst.
- Passe deine Kleidung dem Wetter an. Hier hilft oft das „Zwiebelprinzip“.
- Nimm mindestens ein Ausweisdokument (Personalausweis oder Führerschein) mit, sowie deine Krankenkassenkarte. Achte aber bitte darauf, dass du diese nicht verlierst oder dass die Karten gestohlen werden.

Meine Streckenempfehlungen

Du hast jetzt richtig Lust auf eine Tour mit deinem E-Scooter bekommen? Das freut mich. Du weißt jetzt nur noch nicht, welche Tour für den Einstieg geeignet ist? Ich möchte dir fünf Strecken empfehlen, die aus meiner Sicht eine Reise wert sind.

Ich habe dir diese in Komoot herausgesucht, basierend auf eine Scooter-Reichweite von 20 bis 40 Kilometer.

Eine kleine Bitte: Wenn du auch Touren mit dem E-Scooter unternommen hast und du sie mir empfehlen kannst, dann würde ich mich über eine E-Mail mit der Tour freuen. Nutze dafür bitte die E-Mail-Adresse: **buch@eroller-mit-zulassung.de**. Vielen Dank im Voraus!

<u>Das sind meine Empfehlungen:</u>

Tour 1: Korkenziehertrasse - Runde von Solingen (Nordrhein-Westfalen)

Bei der Solingen Korkenziehertrasse-Runde handelt es sich um eine 24,5 Kilometer lange Strecke mit so einigen Highlights. Unter anderem, wie der Name bereits verrät, die Solinger Korkenziehertrasse. Auch ein Abstecher zum Schloss Caspersbroich und in die Solinger Altstadt sind einen Besuch wert. Der Start- und Endpunkt sind mit öffentlichen Verkehrsmitteln gut erreichbar. Ich empfehle die Anfahrt mit dem Auto.

Die genaue Route findest du hier:
www.komoot.de/smarttour/514398

Tour 2: Fleher Brücke und MedienHafen – die Düsseldorf Runde (Nordrhein-Westfalen)

Meine zweite Empfehlung ist die Düsseldorfer Runde. Die 34 Kilometer lange Route startet am Kirchplatz, ca. 1,8 Kilometer vom Hauptbahnhof entfernt. Hier empfehle ich die Anreise per Bahn. Als Highlights der Strecke sind die Fleher-Brücke und der Düsseldorfer Medien-Hafen zu nennen. Die Tour endet wieder am Startpunkt. Dort befinden sich auch einige Hotels in unmittelbarer Nähe, zum Beispiel das Novum Hotel Maxim oder das Hotel Antares.

Die genaue Route findest du hier:
www.komoot.de/smarttour/820328

Tour 3: Schlossbergweg und Bismarckturm in Burg – die Spreewald Runde (Brandenburg)

Bei der dritten Empfehlung handelt es sich um einen Ausflug in den Spreewald, denn dort gibt es viel zu entdecken. Daher meine Empfehlung für die 42 Kilometer lange Schlossbergweg Tour. Der Start ist am Cottbuser Hauptbahnhof. Von da aus führt die Tour am Bismarckturm in Burg vorbei. Dort kannst du einen schönen Ausblick über die Region genießen. Weiter geht es zum Spreehafen in Burg. Eine Paddeltour auf den Fließen in Burg lohnt sich! Die Tour endet wieder am Hauptbahnhof Cottbus. Übernachtungsmöglichkeiten in Hotels oder Ferienwohnungen sind in Cottbus oder auch in Burg zahlreich vorhanden.

Die genaue Route findest du hier:
www.komoot.de/smarttour/147022

Tour 4: Aussichtsturm "Rostiger Nagel" und Partwitzer See - Strand Runde von Neu-Seeland (Brandenburg/an der Grenze zu Sachsen)

Die vierte Tour ist ein Heimspiel und befindet sich fast direkt vor meiner Tür. Bei dieser Tour geht es durch eine schöne Bergbaufolgelandschaft. Die 46 Kilometer umfassende Runde beginnt an einem Parkplatz am Sedlitzer See. Von hier aus geht es zum rostigen Nagel und dann Richtung Senftenberger See. Einen runden Abschluss bilden der Leuchtturm am Geierswalder See mit leckeren Mahlzeiten sowie der Partwitzer See. Wer eine Vorliebe für Wasser hat, bekommt bei dieser Tour eine Menge geboten.

Die genaue Route findest du hier:
www.komoot.de/smarttour/494188

Tour 5: Wasserstraßenkreuz Hohenwarthe und Alter Handelshafen - Runde von Magdeburg (Sachsen-Anhalt)

Bei der fünften Tour geht es wieder ans Wasser - dafür habe ich anscheinend eine Schwäche. Bei der 36 Kilometer langen Tour geht es über das Wasserstraßenkreuz zum Schiffshebewerk Rothensee. Von hier aus bekommst du eine gute Sicht über die Region. Weiter geht es zum alten Handelshafen in Magdeburg. Dort kannst du im Café Treibgut einen Kaffee genießen oder dir im „Bistro am Hafen“ eine Mahlzeit gönnen. Du möchtest lieber am Strand entspannen? Dann solltest du die Strandbar in der Nähe der historischen Schiffsmühle besuchen. Die Tour endet wieder am Magdeburger Bahnhof.

Die genaue Route findest du hier:
www.komoot.de/smarttour/45604

Jetzt hast du aus meiner Sicht alles Wichtige zu dem Thema Ausflüge und Touren mit dem E-Scooter erfahren. In diesem Sinne wünsche ich dir ganz viel Spaß beim Erkunden und Entdecken von neuen Sehenswürdigkeiten.

Hinweis

Einen Hinweis möchte ich dir aber noch mit auf den Weg geben. Wenn dich deine Reisen in ein anderes Land führen, solltest du vorher dringend prüfen, ob dort die Nutzung von E-Scootern erlaubt ist und welche Regeln dort gelten. Solltest du gegen Vorlagen verstoßen, kann es eventuell mit einer Geldstrafe oder sogar mit einer Haftstrafe enden. Das solltest du tunlichst vermeiden. Hier zahlt sich eine gute Vorbereitung aus und erspart dir Ärger.

Schlusswort

Herzlichen Glückwunsch, du bist am Ende von diesem Buch angelangt. Ich hoffe das Lesen hat dir viel Freude bereitet und ich konnte dir viel über das Thema E-Scooter näherbringen. Du solltest jetzt bestens auf die Zeit mit deinem E-Scooter vorbereitet sein. Ich möchte noch einmal kurz die Inhalte zusammenfassen und Revue passieren lassen.

Im ersten Kapitel habe ich dir erzählt, was eigentlich ein E-Scooter ist und wie er sich aufbaut. Da haben wir festgestellt, dass er folgende Eigenschaften erfüllt:

- Anzahl der Räder: 2
- Anzahl der Bremsen: 2
- Maximale Leistung: 500 Watt
- Gewicht: zwischen 7 – 20 Kilogramm
- Beleuchtung: vorne und hinten

Das ist natürlich noch nicht alles. Die Details gab es dann im zweiten Kapitel Gesetze und Wissenswertes. Hier haben wir über die gesetzlichen Vorgaben gesprochen und ich habe dir gezeigt, welche Schilder für dich als E-Scooter-Fahrer interessant sind. Außerdem haben wir das Nutzungsverhalten und die Regeln beleuchtet.

Im dritten Kapitel ging es dann um die Möglichkeiten einen E-Scooter zu fahren. Dazu haben wir über die Möglichkeiten vom Ausleihen, Mieten und Kaufen eines E-Scooters gesprochen. Ich habe dir vorgerechnet, bei welcher Nutzung sich welche Variante mehr lohnt und was meine Empfehlung ist. Auch kamen die einzelnen Vor- und Nachteile der unterschiedlichen Varianten zur Sprache.

Im nächsten und vierten Kapitel ging es dann um ein sehr wichtiges Thema – deine Sicherheit. Hier habe ich dir gezeigt, wie du deinen Kopf schützen kannst und welche Helmarten es gibt. Außerdem haben wir über das Thema Richtungswechsel und die Anzeige durch Blinker gesprochen. Im letzten Abschnitt ging es dann um das Abstellen vom E-Scooter und welche Schlossarten zum Diebstahlschutz nützlich sind.

Ergänzend zu dem Thema Sicherheit ging es im fünften Kapitel um Zubehör für den E-Scooter. Hier habe ich dir meine beliebtesten Zubehörteile vorgestellt und deren Funktionen und Vorteile erklärt. Insbesondere ging es um folgendes Zubehör:

- Getränkehalter
- Handyhalter
- Taschen
- Griffe

So bist du bestens für den nächsten Ausflug ausgestattet.

Im Kapitel sechs ging es um das Thema Pflege und Wartung deines E-Scooters. In diesem Kapitel haben wir als Erstes über die Pflege und die damit verbundene Reinigung gesprochen. Ich habe dir gezeigt, auf was du dabei achten solltest und welche Produkte ich dafür verwenden. Im nächsten Abschnitt haben wir das Thema Wartung beleuchtet. Ich habe dir vorgestellt, welche Punkte bei einer Wartung wichtig sind und wie du sie am besten durchführst. Im Anschluss habe ich dir noch Tipps und Tricks für deinen Akku und die Reichweite von deinem E-Scooter mit auf den Weg gegeben.

Im siebten Kapitel wurde über das Thema Versicherungen gesprochen. Wozu du eine Versicherung benötigst und welche Varianten es gibt. Ich habe die häufigsten Fragen dazu beantwortet und dir einige Möglichkeiten empfohlen.

Das achte und letzte Kapitel drehte sich um die Thematik Touren und Ausflüge. Hier habe ich von meinen Erfahrungen berichtet und dir gezeigt, wie ich eine Tour plane und welche Tools ich dafür verwende. Du hast von mir Tipps zur Umsetzung bekommen und es wurden drei Touren vorgestellt, die eine Reise wert sind.

Jetzt bleibt mir nur noch, dir alles Gute für deine Fahrten mit dem E-Scooter zu wünschen und, dass du immer sicher und zuverlässig an deinem Ziel ankommst.

Ronny Schlichtholz

Notizen

Notizen